[あじあブックス]
060

論語　珠玉の三十章

弁　和順

大修館書店

まえがき

『論語』は、不思議な魅力をもつ書物である。

というのも、『論語』は、中国古代の思想家、孔子その人が著述した書物ではない。孔子の没後、その弟子や孫弟子たちが、生前の孔子の言葉や行動を整理・編集したのが『論語』にほかならない。そのため、『論語』全体の構成も、完全には整理されておらず、不統一な部分も見受けられる。実際、『論語』をひもといてみれば、主に孔子の言葉が列挙されているが、その言葉に前後の脈絡はほとんどなく、またどのような状況下でその発言がなされたか、不明なものばかりである。ましてや、そのふぞろいの言葉に基づいて、『論語』に通底する思想を把握するのは、なかなか困難なことである。

それにもかかわらず、いままで二千年以上にわたって、中国のみならず、朝鮮半島や日本でも、『論語』が連綿と読みつがれてきたのは、この書物がもつ不思議な魅力によるのではなかろうか。

もちろん、『論語』が読まれてきた理由の一つとして、前漢《ぜんかん》という比較的早い時代に、孔子の教えが儒学として国学化されたという、歴史的事実が影響を与えたことは間違いない。それによって、『論語』が初学の入門書としての定評を得るとともに、やがて古典中の古典として確固たる地位を築くに至ったといえる。また『論語』が広く普及するようになり、そこで説かれた道徳的な規範が社会全般に受け入れられることとなった。その中で、『論語』に魅せられた人々も少なくない。かれらは、孔子がどのような思索をめぐらせたのか、また孔子がどのような社会を理想としたのかなどを学び知ろうとして、『論語』を愛読したものと思われる。

では、『論語』は、なぜこれほどまでに人々を惹《ひ》きつけることができたのか、またどうしていまなお人々に感動を与えることができるのだろうか。

思うに、『論語』の魅力の一つとして、高尚な哲学が論じられていないことを指摘できる。なるほど『論語』に記されているのは、日常生活に関することがらが中心であり、そこで孔子が説く内容も、誰しも少し努力すれば、実践できそうなことが多い。またときには、孔子自身が失敗したことがらも含まれている。そうしたことが読者に親近感をいだかせるのかもしれない。

また、その魅力の一つとして、『論語』には、簡潔な文章や対句的な表現の多いことが挙げられる。文章表現がわかりやすければ、その主張内容も明快で理解しやすい。加えて、リズム感を備えた『論語』の文章は、記憶にとどめるにも適しているといえよう。

さらに、その魅力の一つとして、『論語』で説かれる内容が、その読者の年齢や心境などによって、さまざまな意味に解釈できることも挙げられよう。人によって多様な意味に解釈されるというのは、内容が曖昧《あいまい》であることにもほかならないが、その反面、読むたびごとに新たな解釈が可能であるということでもある。その意味において、『論語』は古典であるにもかかわらず、つねに新しい発見を内包する書物であるともいえる。

いまここに指摘したのは、『論語』がもつ魅力のほんの一部に過ぎない。その魅力を体感するには、『論語』を通して精読するのが理想的である。しかし、いきなり『論語』全篇の本文に挑《いど》むには、二の足を踏む向きも多いことだろう。

そこで、『論語』への入門書として、その中から選《よ》りすぐりの三十章をとりあげ、そこで孔子が説いた内容をわかりやすく解説したのが本書である。本書がとりあげたのは、『論語』全体から見れば、ごく一部に過ぎないが、その解説では、関連する別の章にも言及したので、この三十章を読みさえすれば、『論語』に記されている基本的な内容は、ほぼ理解できるものと思われる。本書を手がかりとして、『論語』に興味関心をいだき、実際に『論語』という大海原《おおうなばら》に船出《ふなで》していただければ、著者としてこれ以上の慶びはない。

なお、各章における解説は、先人の研究成果を踏まえつつ記述した。しかし、先に述べたとおり、入門書という本書の性格を重んじて、逐一それらを明示しなかった。その点は、御了承願いたい。

本書の構成は、以下のとおりである。

一．本書は、『論語』の中から、代表的な三十章を選び、その孔子の言葉について、それぞれ解説したものである。

二．各章は、縦書きの〈訓読〉〈原文〉〈現代語訳〉〈注〉〈解説〉と、横書きの〈英語訳〉〈中国語訳〉とから成る。

三．各章の〈原文〉は、北宋の学者である邢昺《けいへい》の編纂した『論語注疏《ちゅうそ》』（嘉慶《かけい》二十年江西南昌府《こうせいなんしょうふ》学《がく》本《ぼん》）に依拠した。

四．各章の〈英語訳〉は、札幌大学外国語学部英語学科の時崎久夫教授および札幌大学女子短期大学部英文学科のウィリアム・グリーン（William Green）教授に、また〈中国語訳〉は、北海道大学大学院文学研究科修士課程中国文化論専修在学の胡慧君さんに作成していただいた。

五．各章末には、孔子の伝記を絵画化した『聖蹟図《せいせきず》』より、図版を適宜掲載した。『聖蹟図』は、現在、多数の版本が存するが、本書では、清《しん》の同治《どうち》十三年（一八七四）の刊本に依拠し、その中から二十二の図版を採用した。なお、掲載の順序は、孔子の伝記にしたがったので、各章の内容とは一致しない。掲載図版については、「〈図説〉孔子の生涯」目次（x頁）を御参照いただきたい。

六．巻末に「孔子関係年譜」「孔子関係地図」「章句索引」を附した。あわせて御利用いただければ幸いである。

目次

〈図説〉孔子の生涯（『聖蹟図』より）

論語　珠玉の三十章

1　学問のよろこび

子曰《しい》わく、学んで時にこれを習う、また説《よろこ》ばしからずや。朋《とも》有り、遠方《えんぽう》より来たる、また楽しからずや。人知らずして慍《うら》みず、また君子《くんし》ならずやと。〔学而篇《がくじへん》〕

（子曰、学而時習之、不亦説乎。有朋自遠方来、不亦楽乎。人不知而不慍、不亦君子乎。）

先生がいわれた「学んで、そのことを機会あるごとに復習する、何とうれしいことではないか。同じ門下の友人が遠くから訪ねて来てくれる、何と楽しいことではないか。他人が自分を認めてくれなくても不満に思わない、何と君子ではないか」。

【注】**時**＝機会あるごとに。一説に、常に。**説**＝「悦」と同じ。うれしく思う。**朋**＝同じ門下の友人。**慍**＝不満に思う。

『論語』巻頭のあまりにも有名な一章である。この章には、古来、『論語』に見える孔子の学問と生涯のすべてが凝縮されると考えられてきた。たとえば、江戸時代の儒学者、伊藤仁斎《いとうじんさい》（一六二七〜一七〇五）は「小論語」と評したほどである。

そもそも『論語』は、学問に始まり、学問に終わるというが、ここには学問に関する要諦《ようてい》が三点述べられている。

十五歳で学問に志した孔子が第一に口にするのは、学習することのよろこびである。『詩経《しきょう》』『書《しょ》経《きょう》』などの古典や、礼楽《れいがく》といった文化を学ぶとともに、時期を見て、その内容をくりかえし復習する。そうすれば、次第に理解が深まると同時に、学問が身につき、そのことがおのずと自信となるであろう。こうして得られるよろこびは、何事にもまさる歓喜だとして、孔子は「また説《よろこ》ばしからずや」と弟子たちに語りかけたのである。

第二に述べられるのは、学問の楽しみである。同じ学問に志す友人が遠くからも訪ねてきて、その友人と相互に教えたり教えられたりして、ともに切磋琢磨《せっさたくま》するのは、重要であり、また楽しいことである。学問を通して得られる深い友情の大切さが語られたものである。

第三には、学問をつみかさねても、他人から認められない場合の心がまえについて説かれている。概して人間は、自分の能力や価値について、それが周囲に認められないと、不平不満をいだきたくなるものである。しかし、孔子は、そうした不平不満の裏側には、財産や名誉を得るために学問しようという不誠実な気持ちがあるのだと考え、本来、学問とは、周囲の評価など気にせず、自己の人格形成のために行うべきものだとして、人徳の備わった君子を例に出すのである。

また、次のようにもいう。

子曰わく、古《いにしえ》の学者は己《おのれ》の為《ため》にし、今の学者は人の為にすと。〔憲問篇《けんもんへん》〕

先生がいわれた「かつて学問した人は自分自身のためにした。このごろ学問する人は人から評価されるためにする」。

この孔子の言葉は、学問の目的を明らかにしたものである。つまり、学問は、身につけた知識を他人にひけらかすためではなく、自身の修養のためにつみかさねるものである。こうした心がまえをもって学習すれば、学問そのものの中によろこびや楽しみを見いだすことができよう。

ところで、この一章は、『論語』最終章と関連性があるという指摘がなされている。ちなみに、最終章は、次の言葉をもって結ばれる。

孔子曰わく、命《めい》を知らざれば、以《もっ》て君子《くんし》たること無きなり。礼《れい》を知らざれば、以て立つこと無きなり。言《げん》を知らざれば、以て人を知ること無きなりと。〔堯曰篇《ぎょうえつへん》〕

孔先生がいわれた「天命を理解しなければ、君子にはなれない。礼を理解しなければ、社会で通用しない。言葉を理解しなければ、人を知ることができない」。

この最終章には、学問の最終目的とその条件が三点述べられている。第一は、君子になるには天命を理解しなければならないこと、第二は、社会で通用するには礼を理解しなければならないこと、第三は、人を知るには言葉を理解しなければならないことである。

いま冒頭の一章とあわせて考えると、次のようにまとめることができる。

㈠君子となることをめざし、もし天命を理解できたならば、他人の評価など気にならなくなること。

㈡学問をつみかさねるのは、礼を修得するためであり、もしそれを身につけることができたならば、社会で通用すること。

㈢遠方より友人が集《つど》い、相互に教えあい、ともに切磋琢磨するためには、言葉の理解が不可欠であること。

こうしてみると、『論語』の冒頭の一章と末尾のそれとは、密接に呼応しているかのように思われる。もし孔子の没後、『論語』を編集した弟子や孫弟子がこうした章の配置を意図的に行ったとするならば、その当時、『論語』の編者の間では、孔子の真意が的確に理解されていたことになる。

なお、「子《し》」とは、先生というほどの意味で、『論語』では、孔子その人をさす。したがって、「子《し》曰《い》わく」というのは、孔子の言葉を弟子たちが記録したものと考えられる。それに対して、「孔子曰わく」という表現は、弟子以外の人物が記したものとして区別することができる。

❖学問のよろこび

Confucius said, "To learn and whenever possible review what you have learned, is this not delightful? A friend comes from far away, is this not pleasant? People do not appreciate you, and you do not mind. Are you not a noble man?"

孔子说："学了知识，然后有机会就去复习，不也很高兴吗？有同学从远方来，不也很快乐吗？别人不赏识自己，也不怨恨，不也是君子吗？"

①尼丘山《じきゅうざん》での祈禱《きとう》（『聖蹟図』より）
孔子の母顔徴在《がんちょうざい》は、曲阜《きょくふ》の郊外にある尼丘山に向かって、男子の誕生を祈ったという。（130 頁参照）

2　わが生涯

子曰《しい》わく、吾《われ》、十有五《じゅうゆうご》にして学に志《こころざ》す。三十にして立つ。四十《しじゅう》にして惑《まど》わず。五十にして天命《てんめい》を知る。六十にして耳順《みみしたが》う。七十《しちじゅう》にして心の欲《ほっ》する所に従《したが》いて矩《のり》を踰《こ》えずと。〔為《い》政篇《せいへん》〕

（子曰、吾十有五而志乎学。三十而立。四十而不惑。五十而知天命。六十而耳順。七十而従心所欲、不踰矩。）

先生がいわれた「私は十五歳で学問に志し、三十になって基礎が確立し、四十になって迷いがなくなり、五十になって天より与えられた使命をわきまえ、六十になって人の言葉がすなおに理解でき、七十になると自分の思うままに行動しても道をはずれることがなくなった」。

【注】**立**＝学問の基礎が確立する。　**天命**＝天より与えられた使命。　**耳順**＝人の言葉がすなおに理解できる。

踰＝踏みこえる。　矩＝人の守るべき道。

この言葉は、孔子が晩年に自身の生涯、特にその学問上の足跡について述懐したものである。しかしながら、抽象的な表現を含むので、意味内容がよく理解できないところもある。ここでは『史記《しき》』孔子世家《せいか》に記された事跡を参考にしながら、その内容を具体的に見ていきたい。

孔子は、十五歳で学問に志したというが、実際には『詩経《しきょう》』『書経《しょきょう》』などの古典を読むとともに、礼や音楽という伝統的な文化を学んだものと思われる。このころの事跡について、『史記』には、二十代で結婚して長男が生まれたことや、委吏《いり》と呼ばれる穀物の倉庫係や司職《ししょく》の吏《り》という牧場の飼育係をつとめたことなどが記されている。こうした人生経験をつみかさねながら、三十歳には学問の基礎と自身の立場を確立したのである。

また、孔子は、三十代で魯《ろ》の国を出て、斉《せい》の国におもむき仕官を求めたが、失敗して魯に帰国したところ、やがて弟子が相次いで入門し、次第に学団が形成されたという。そうした中で、四十歳を迎えた孔子は、物事の道理が理解できるようになり、心の中で惑うことがなくなったと、その内面を語ったのである。

さらに、四十代後半からは、次第に重要な官職に就《つ》くようになり、最終的には大司寇《だいしこう》という司法大臣への昇進を果たしたといわれる。とりわけ、五十代半ばで、魯の定公《ていこう》に随行し、夾谷《きょうこく》の会盟《かいめい》に参加して、斉の国との外交に実績を残したことは、その政治的手腕がもっとも発揮されたものと特筆される。かくして五十歳となった孔子は、天から自分に与えられた使命を自覚したと発言するのである。

ところが、その後、孔子は、魯で失脚し、弟子を引き連れて十四年間にわたって各国を流浪した。六十歳でどのようなことを聞いても、素直に聞けるようになったと、孔子がいうのは、こうした放浪の身において述べられた言葉である。

また、晩年、魯に帰国した孔子は、弟子の教育に専念した。そうした中、七十歳を超えた心境として、自分の望むことをそのまま実行しても、道理にはずれることがないと断言したのである。

以上のように、孔子の生涯をたどると、それはまさに波瀾万丈《はらんばんじょう》の歩みであったといえる。それと同時に、常に学問の修養を目ざしたに努力の人生であったといっても過言ではあるまい。だからこそ、この述懐の言葉には重みが感じられるのであろう。

なお、十五歳を「志学《しがく》」、三十歳を「而立《じりつ》」、四十歳を「不惑《ふわく》」、五十歳を「知命《ちめい》」、六十歳を「耳順《じじゅん》」、七十歳を「従心《じゅうしん》」というのは、この章に基づく。

❖わが生涯

Confucius said, “I decided to study hard at the age of fifteen. I laid the foundations by the age of thirty. At the age of forty I did not hesitate. I came to understand the laws of heaven at the age of fifty. At the age of sixty, I understood the words of others. And at seventy, going my own way was to stay within the bounds of propriety.”

孔子说：“我十五岁有志于学问，三十岁确立学问基础，四十岁不致迷惑，五十岁得知上天赋予我的使命，六十岁能坦率地理解别人的话，七十岁便随心所欲，做事也不逾越规矩。”

3　学習と思索

子曰《しい》わく、学んで思わざれば則《すなわ》ち罔《くら》し。思いて学ばざれば則ち殆《あやう》しと。〔為政篇《いせいへん》〕

（子曰、学而不思則罔。思而不学則殆。）

先生がいわれた「学んでも考えなければ、物事の道理がわからない。考えても学ばなければ、物事の道理に外《はず》れて危険である」。

【注】**罔**＝物事の道理がわからない。　**殆**＝物事の道理に外れて危険である。一説に、精神的に疲労する。

ここで孔子は、学問には、「学」＝学ぶこと、すなわち読書などを通して広く知識を身につけることと、「思」＝思うこと、すなわち自分の中で深く思索することの二つの行為が、あたかも車の両輪のように、不可欠であることを説く。

元来、「学」という漢字は「學」と記す。その「學」は、両手〈臼〉と、ものが交差する形〈爻〉と、建物〈冖〉と、子ども〈子〉との四つの部分から成立した文字で、教師が学生に両手をさしのべ、教師と学生との間で、教育という交流が行われる場所、つまり学校を意味した。それが転じて、読書すること、あるいは教師から教えを受けて学ぶことを意味するようになったといわれる。

ここにいう「学」も、外部から知識を吸収し、それを身につけることである。無論、そのことは、学問上、重要であるが、それだけでは、物事の道理を明らかにすることはできない。一方、「思」は、自分の頭の中で深く思索することである。思索を重ねることは、これまた重要であるが、それだけでは独断に陥りやすく、客観的な判断ができないため、危険でもある。それらを踏まえて、孔子は、学ぶことと思うこととの両方が必要だと述べたのである。

では、もし学ぶことと思うことのうち、いずれか一方だけをとるとすれば、孔子はどちらを選んだであろうか。

子曰わく、吾《われ》、嘗《かつ》て終日《しゅうじつ》食らわず、終夜《しゅうや》寝《い》ねず、以《もっ》て思う。益《えき》なし。学ぶに如《し》かざるなりと。
〔衛霊公篇《えいれいこうへん》〕

先生がいわれた「私は、かつて一日中食事もせず、また一晩中寝ないで考えつづけたことがある。しかし、無駄であった。考えることは、学ぶことには及ばない」。

このように、孔子には考えるだけでは何も獲得することができなかったという経験があり、それに基づけば、思うことより学ぶことを優先したということになるだろう。つまり、ただ自分自身で思索するだけではなく、読書などを通して身につけた知識をじっくりと考え直すことが肝要だということになる。

確かに、思索する前には、土台となる知識が必要とされる。みずから身につけた知識を活用して、はじめて思索することが可能となるからである。こうしてみると、学ぶことと考えることの間には、時間的な優先順位はあるかもしれないが、最終的に学問を大成するには、学ぶことと考えることの二つの行為が不可欠であることにかわりはないといえる。

❖学習と思索

Confucius said, "To study without thinking is futile; thinking without study is dangerous."

孔子说：“只是学习而不思考，就会不明事理。只是空想而不学习，就会不合乎事理而有危险。”

②麒麟《きりん》のお告げ（『聖蹟図』より）

孔子の誕生する前夜、家には麒麟があらわれ、口から玉書《ぎょくしょ》というお告げを吐《は》きだしたという。

4　真の知

子曰《しい》わく、由《ゆう》、女《なんじ》にこれを知るを誨《おし》えんか。これを知るをこれを知ると為《な》し、知らざるを知らざると為す、これ知るなりと。〔為政篇《いせいへん》〕

（子曰、由、誨女知之乎。知之為知之、不知為不知、是知也。）

先生がいわれた「由よ、おまえに知るということを教えようか。知っていることは知っている、知らないことは知らないと区別する、それが知るということである」。

【注】**由**＝孔子の弟子。姓は仲《ちゅう》。名は由《ゆう》。字《あざな》は子路《しろ》または季路《きろ》。**誨**＝教えさとす。**女**＝「汝」と同じ。あなた。おまえ。

孔子が、弟子の子路に対して、真の知を教えさとした言葉である。そもそも人間が、すべての事象を知りつくすことは不可能である。それならば、自分が知っていることと、自分が知らないことについて、客観的にかつ明確に区別できてこそ、真に物事を知る者といえるのである。こうした考えに基づき、孔子は、自分が知らないことに関しては、発言をつつしむようにもいう。

子曰わく、野《や》なるかな、由《ゆう》や。君子はその知らざる所においては、蓋闕如《がいけつじょ》たりと。〔子路篇《しろへん》〕

先生がいわれた「がさつだな、由は。君子は、自分が知らないことについては、発言しないものである」。

われわれは、日常、物事をわかったつもり、知ったつもりでいることが多い。しかし、先に述べたように、世の中には、わからないこと、知らないことが無限に存在するのであり、そのことをまず自覚しなければならない。そうした自覚なくして、さらに未知への探究など、ありえない。この自覚こそ、真の知への出発点であり、学問の根幹にほかならない。

ここで思い起こされるのが、古代ギリシャの哲学者、ソクラテス（前四七〇〜前三九九）の説いた「無知の知」である。「無知の知」とは、自分が無知であることを自覚することであり、そのことを知悉《ちしつ》するソクラテスは、他人と問答することを通して、相手が無知であることを自覚させ、それを出発点として真の知に導いたという。このように、東洋では孔子が、西洋ではソクラテスが、奇《く》しくもほぼ同時期に真の知を究明しようとしたことは、まことに興味深いものがある。

さらに孔子は、真の知の探究にとどまらず、一層、高い境地をめざした。

子曰わく、これを知る者はこれを好む者に如《し》かず。これを好む者はこれを楽しむ者に如かずと。〔雍也篇《ようやへん》〕

先生がいわれた「物事を知っている者は、これを好む者には及ばない。これを好む者は、これを楽しむ者には及ばない」。

学問を通して、物事を知的に理解することは、なるほど重要である。しかし、それよりも愛好する方がまさり、さらには楽しんで一体になる方がまさるというである。この言葉は、真に知ることを出発点として、真に好むことを、そして最終的には真に楽しむ境地を求めたものと理解されよう。その意味において、孔子は、人間の精神的な発展には限界がないことを説いたともいえる。

❖真の知

Confucius said to Zhong You, “I will tell you what knowledge is. When you know a thing, to say that you know it; when you do not know a thing, to say that you do not know it. That is knowledge.”

孔子说：“由，我来教你什么是知吧！能区别知道的就是知道，不知道的就是不知道，这就是知。”

③孔子の誕生（『聖蹟図』より）

孔子の誕生した日は、天から二頭の龍が降りてきて家をとりまき、また五人の老人がその庭に降りたったという。

5　温故知新

子曰《しい》わく、故《ふる》きを温《あたた》めて新しきを知れば、以《もっ》て師《し》と為《な》るべしと。〔為政篇《いせいへん》〕

（子曰、温故而知新、可以為師矣。）

先生がいわれた「古典を学んで習熟し、新しい道理を見いだせれば、教師となることができる」。

【注】**温**＝じわじわ煮ること。そこから、学んで習熟することをいう。また「たずぬ」と訓読する説もある。**故**＝「古」と同じ。古典をはじめ、伝統的な文化や歴史などをいう。**知新**＝現在・未来に生かせるような新しい道理を見いだす。

「温故知新《おんこちしん》」の出典として知られる一章である。

ここには、教師、すなわち指導者となるための条件が段階的に二つ述べられている。第一段階は、主として古典を学ぶことを通して、いにしえより伝承されてきた文化や歴史に習熟すること、そして第二段階は、それらの中から、未来に通用する新しい道理を発見することである。この二段階を経て、はじめて真の指導者となれるというのである。

孔子がこうした言葉を残した背景には、おそらくは、当時、単に古い知識をつめこむだけで満足するような風潮のあったことが想像される。たとえば、古代の学校制度や学問論が記された『礼記《らいき》』学記篇《がっきへん》には、ただひたすら古典を暗記し、他人からの質問に答えるだけの学問を「記問《きもん》の学」といい、そうした「記問の学」では、指導者になれないことが批判的に述べられている。

考えてみれば、事物には必ず起源が存在する。すべては、その起源に端を発して、その後、変遷や展開をくりかえして今日に至るものである。したがって、現状を把握するには、まず、現在に至るまでの経緯について、過去をさかのぼって探究するのは正当な方法であろう。しかしながら、単なる過去の研究にとどまるのではなく、その中から、未来においても適用できる不変の真理を見いだすことが、何より重要なのである。歴史学本来の目的は、そうした真理を探究することにほかならない。

こうした孔子の姿勢は、たとえば、歴代王朝の礼制度に対する観察眼にも色濃く反映されている。

子張《しちょう》問う、十世《じっせい》知るべきや。子曰《しい》わく、殷《いん》は夏《か》の礼に因《よ》る、損益《そんえき》する所知るべきなり。周《しゅう》は殷の礼に因る、損益する所知るべきなり。それ或《ある》いは周を継《つ》ぐ者は、百世《ひゃくせい》と雖《いえど》もまた知るべきなりと。〔為政篇《いせいへん》〕

子張がたずねた「十代後の王朝の制度は知ることができるでしょうか」。先生がいわれた「殷王朝は、その前の夏王朝の礼制度を継承したので、何を廃止して何を追加したかは知ることができる。周王朝も、殷王朝の制度を継承したので、何を廃止して何を追加したかは知ることができる。もし周王朝の礼制度を継承するものがあれば、たとえ百代の後でも、やはり知ることができる」。

ここで孔子は、弟子の子張の質問に対して、たとえ百代後の王朝の礼制度であってもわかるという。このような発言をした孔子には、時代の変遷とともに、礼制度は変化するが、その本質は不変であることを確信していた節《ふし》がうかがえる。つまり、「故きを温めて新しきを知る」という精神をもって臨めば、かりに複雑な礼制度に関しても、将来を見通すことが可能であることを述べたのである。

❖温故知新

Confucius said, “If you appreciate the classics and find new things there, you can be a teacher.”

孔子说：“温习旧知识，而能获得新的道理，就能成为老师了。”

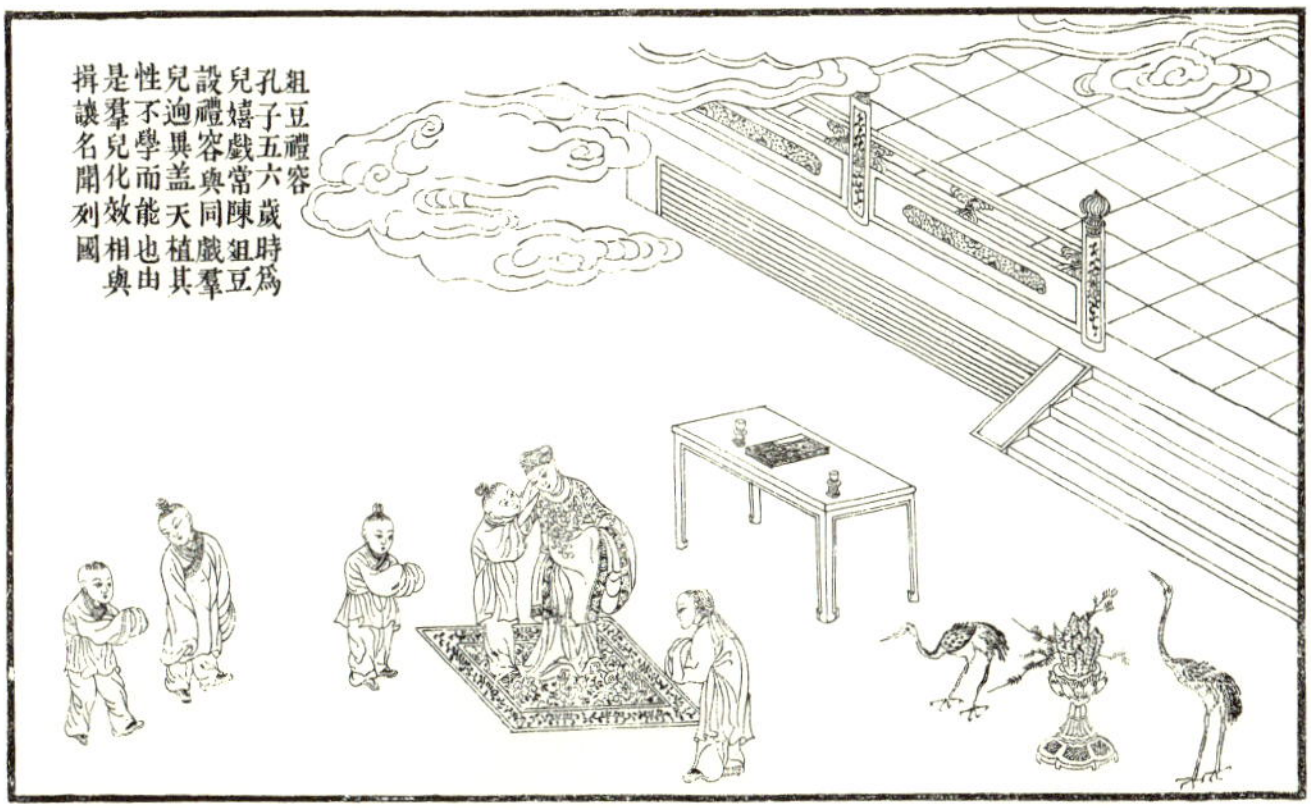

④孔子の幼少時代（『聖蹟図』より）
幼少のころ、孔子は、祭礼《さいれい》に用いる道具を並べ、儀式のまねごとをして遊んだという。

6　素質と習慣

子曰《しい》わく、性相近《せいあいちか》し。習《ならい》相遠《あいとお》しと。〔陽貨篇《ようかへん》〕

（子曰、性相近也。習相遠也。）

先生がいわれた「誰でも、先天的に備わった素質は似たようなものである。しかし、後天的に身につけた習慣によって差が生まれる」。

【注】**性**＝先天的に備わった素質。　**習**＝後天的に身につけた習慣。

ここで孔子は、人間がもって生まれた素質にほとんど差はないが、生まれた後の習慣によって差が生じることを説く。つまり、人間には同じ素質が備わっていることを認めるとともに、教育の可能性を示唆したのが、この言葉である。
ところが、この章の直後には、次のような発言が続く。

子曰わく、ただ上知《じょうち》と下愚《かぐ》とは移らずと。〔陽貨篇《ようかへん》〕

先生がいわれた「この上ない知者とこの上ない愚者とは、ともに変化しない」。

これに基づいて、孔子は、人間には生まれつき能力を有する者と、能力のない者とがいることを認めたとし、またその両者の能力を差別視していたと見なす向きもある。

しかしながら、『論語』全体を見わたせば、人間の素質は基本的に平等であることを説くのが、孔子の人間観・教育観であることにかわりはない。そのことは、次の二章を見れば、明らかである。

子曰わく、束脩《そくしゅう》を行うより以上は、吾未《われいま》だ嘗《かつ》て誨《おし》うること無くんばあらずと。〔述而篇《じゅつじへん》〕

先生がいわれた「乾《ほ》し肉一束《ひとたば》を持参した者以上は、私はどんな人も教えなかったことはない」。

子曰わく、教《おしえ》有りて類《るい》無しと。〔衛霊公篇《えいれいこうへん》〕
先生がいわれた「必要なのは教育であって、人間の種類に差別はない」。

つまり、富貴や身分の別に関係なく、教育したのが孔子にほかならないのである。

ところで、孔子の没後、戦国時代においては、たとえば、孟子《もうし》（前三七二～前二八九）が人間の本性は善だという性善説を主張し、それに対して、荀子《じゅんし》（前三四〇？～前二四五？）が人間の本性は悪だという性悪説を提唱したように、人間のもって生まれた性が善であるか、悪であるかに関して、激しい議論が戦わされた。それに対して、やや先人である孔子は、人間の本性が善であるとも、悪であるとも明言しなかったが、この章の冒頭で「性相近し、習相遠し」というように、先天的な素質よりも後天的な習慣を重んじたことを考えあわせると、どちらかといえば、人間は先天的に善におもむく方向性をもつ存在であると考えていたことが想像されるのである。

❖素質と習慣

Confucius said, “Everyone is alike in nature. Everyone is different in habit.”

孔子说：“人的先天的素质本来是很相近的。但是由于后天的习惯不同，便产生差异了。”

⑤委吏《いり》の職につく（『聖蹟図』より）

当初、孔子は、委吏（穀物の倉庫係）という職についた。その仕事ぶりは公平で、出納《すいとう》の計算も正確であった。（9，132頁参照）

7　教育の方針

子曰《しい》わく、憤《ふん》せざれば啓《けい》せず。悱《ひ》せざれば発《はっ》せず。一隅《いちぐう》を挙《あ》ぐるに、三隅《さんぐう》を以《もっ》て反《かえ》らざれば、則《すなわ》ち復《ふたた》びせざるなりと。〔述而篇《じゅつじへん》〕

（子曰、不憤不啓。不悱不発。挙一隅、不以三隅反、則不復也。）

先生がいわれた「理解しようとするが、思うようにならず、苦しみ悩むのでなければ、指導しない。表現しようとするが、思うようにならず、口ごもるのでなければ、指導しない。一つの隅《すみ》をとりあげて示すと、他の三つの隅をあげて答えるのでなければ、二度と指導しない」。

【注】**憤**＝理解しようとするが、思うようにいかず、苦しみ悩むこと。**啓**＝「発」と同じ。指導する。
悱＝表現しようとするが、思うようにいかず、口ごもること。**発**＝「啓」と同じ。指導する。
一隅＝一端。ここでは、四つの隅があるものにたとえて、その一つの隅をいう。

ここで孔子は、学ぶ者には熱心に努力して学習につとめることが何より肝要であり、その心がまえのない者には効果がないので、教育しないと断言する。

この言葉は、学ぶ者にとっては、ただ自主的な学習の必要が説かれたものと理解されるかもしれないが、実は、努力だけでは不十分であることにも気がつかなければならない。つまり、ここで説かれているのは、努力を行った結果、どうしても理解できずに悩んでいる場合、あるいは理解できたが、それをうまく表現できずに苦しんでいる場合に限って、教え導くということである。加えて、たとえば、四つの隅があるものの一つの隅をとりあげて示すと、残りの三つの隅について類推した上で、返答するのでなければ、二度と教育しないということである。

このように孔子は、学ぶ者に対して、厳格な態度を重んじ、それを要求したわけであるが、それはこの章に限ったわけではない。

子曰わく、これを如何《いかん》せん、これを如何せんと曰《い》わざる者は、吾《われ》、これを如何ともすること末《な》きのみと。〔衛霊公篇《えいれいこうへん》〕

先生がいわれた「どうしようか、どうしようかといわないような者は、私もどうすることもできない」。

ここでも孔子は、学問に対して積極的な姿勢を示さない者を突き放した発言をする。いずれにせよ、孔子が自発的な学習を求めたことにかわりはないのである。

ふたたび標題の文章にもどり、それを教える者から考えると、この言葉は、学ぶ者の素質を信じて、それを最大限に導き育てるのが必要であることを述べたものと受け取ることができる。つまり、教える者は、学ぶ者が自主的に努力できるような環境を整備し、あと一歩で到達できるというところまで我慢して見守るとともに、それでもなお、学ぶ者が苦しみ悩んでいれば、はじめて手をさしのべ、教え導くべきだというのである。そうした点に着目すると、学ぶ者の成長を何より望んだ教育の言葉と見ることもできよう。

なお、人間が本来もっている素質を発揮できるような教育方法を「啓発教育」というのは、この孔子の言葉に「啓」「発」の二文字が使用されているのに基づく。

❖教育の方針

Confucius said, “If you do not agonize trying to understand, I will not enlighten you. If you do not agonize trying to express yourself, I will not enlighten you. If you do not answer with the other three of the four corners when I show you one, I will never enlighten you again.”

孔子说：“不到他想求明白却又想不通而苦恼时，不去开导他。不到他想表达却又说不出时，不去启发他。教给他一个方面，他却不能由此推知其他三个方面，就不再教他了。”

⑥**長男の誕生**（『聖蹟図』より）

長男が誕生し、魯《ろ》の昭公《しょうこう》からお祝いとして鯉《こい》をたまわった孔子は、それにちなんで鯉《り》と命名した。（9，132頁参照）

8　君子の条件

子曰《しい》わく、質《しつ》、文《ぶん》に勝《か》てば、則《すなわ》ち野《や》なり。文、質に勝てば、則ち史《し》なり。文質彬彬《ぶんしつひんぴん》として、然《しか》る後《のち》に君子《くんし》なりと。〔雍也篇《ようやへん》〕

（子曰、質勝文則野。文勝質則史。文質彬彬、然後君子。）

先生がいわれた「素朴が装飾よりまさっているのは、粗野な人である。装飾が素朴よりまさっているのは、不誠実な人である。装飾と素朴がほどよく調和してこそ、はじめて君子といえる」。

【注】**質**＝素朴。かざりのない生地のままをいう。**文**＝装飾。かざり。「質」の対義語として用いられている。**野**＝品がなく、粗野な人。**史**＝元来は文書係をいう。ここでは、不誠実な人、表面的にかざった人をいう。**彬彬**＝調和しているさま。

ここでの話題は「君子」である。そして孔子は、「質」と「文」とがほどよく調和された人物こそ、真の「君子」であると説く。ちなみに、「質」とは、素朴なことで、かざりのない生地のままをいい、「文」とは、装飾のことで、外見をかざって美しいさまをいう。

そもそも人間は、「質」であるなら、素朴で内実が備わっているので、それはそれでよいが、それだけでは粗野な印象を受けるおそれがある。反対に「文」であるなら、外見をかざって美しいので、それはそれでよいが、それだけでは中身がともなっていないことがある。それらすべてを踏まえて、孔子は、「文」＝外見と「質」＝内実とが全体的に調和して、はじめて「君子」の条件を充たすと説くのである。この言葉は、孔子が理想とした人物像を的確に表現したものといえる。

ところで、『論語』には、「君子」という表現が数多く見える。その際、孔子は「小人《しょうじん》」と対比して用いることが多い。なお、「小人」とは、学徳に劣る人間、つまらない人の意味である。

子曰わく、君子は義《ぎ》に喩《さと》り、小人は利《り》に喩ると。〈里仁篇《りじんへん》〉

先生がいわれた「君子は正しい道理に明るく、小人は利害に明るい」。

子曰わく、君子は和《わ》して同《どう》ぜず、小人は同じて和せずと。〈子路篇《しろへん》〉

先生がいわれた「君子は人と協調するが同調はしない。小人は人に同調するが協調しない」。

これらの例を見ると、「君子」とは、物事の道理に明るく、バランス感覚にすぐれた人物であることがわかる。加えて「君子」とは、元来、政治を行う者や帝王の位にある者を意味したものという。考えてみれば、いにしえの時代において、為政者は、内外両面において優秀な人物であった。ところが、時代の推移とともに、単に権力を有するだけの為政者が輩出するようになる。そのような時代に登場したのが、孔子である。かくして孔子は、古代にならって、内面において仁《じん》を備えた人物こそ、理想的な「君子」だと主張したのである。

子曰く……君子は仁《じん》を去《さ》りて悪《いず》くにか名を成《な》さん。君子は終食《しゅうし》の間《かん》も仁に違《たが》うこと無し。造次《ぞうじ》にも必ずここにおいてし、顚沛《てんぱい》にも必ずここにおいてすと。〈里仁篇《りじんへん》〉

先生がいわれた「……君子は仁を離れたら、どうして君子と呼べようか。君子は、食事の短い時間も仁から離れることがない。あわただしいときもそうであり、つまづいたときもそうである」。

このように孔子は、人間のあるべき姿、また目標とすべき姿として「君子」を掲げ、また「君子」と呼ぶにふさわしい人物を養成するために弟子たちを教育したのである。

❖君子の条件

Confucius said, “When nature dominates appearance, people are rough. When appearance dominates nature, people are dishonest. Only when your appearance and nature are well-balanced are you a gentleman.”

孔子说：“质朴胜于文彩者，是粗野之人。文彩胜于质朴者，是不诚实的人。文彩和质朴配合得当者，才可称君子。”

⑦**司職《ししょく》の吏《り》となる**（『聖蹟図』より）

孔子は、委吏《いり》（穀物の倉庫係）を経て、司職の吏（牧場の飼育係）となり、家畜の繁殖に成功した。（9，132頁参照）

9　言葉をつつしむ

子曰《しい》わく、巧言令色《こうげんれいしょく》、鮮《すく》なし仁《じん》と。〔学而篇《がくじへん》〕

（子曰、巧言令色、鮮矣仁。）

先生がいわれた「言葉があまりにも上手で、愛想《あいそ》がよすぎる人には、仁が少ないものだ」。

【注】**巧言**＝言葉があまりに上手なこと。**令色**＝愛想がよすぎること。**鮮**＝「少」と同じ。少ない。

他人から、にこやかに愛想よく、しかも言葉上手にほめられて、よろこばない人はいないだろう。しかし、孔子は、表情をとりつくろい、言葉をかざる者には仁が少ないと非難するとともに、お世辞をいわれてよろこぶ者をもいましめたのである。まったく同じ発言が陽貨篇《ようかへん》に重ねて見える。また、公冶長篇《こうやちょうへん》では「巧言令色」に加えて、「足恭《すうきょう》」、すなわち、こびへつらって、人の機嫌をとる態度も、批判の対象とされる。
その一方で、ほぼ同じ内容について、裏面から述べたものとして、次の言葉がある。

子曰わく、剛毅朴訥《ごうきぼくとつ》、仁に近しと。〔子路篇《しろへん》〕
先生がいわれた「意思が固くて決断力があり、素朴で口数が少ない人こそ、仁に近い」。

ここにいう「剛毅」は、意思が固くて決断力のあること、「朴訥」は、かざりけがなくて口下手であること。つまり、「剛毅朴訥」は「巧言令色」の正反対のことを意味する。
このように孔子は、仁の実現には、口下手であっても自分をかざりたてず、強い意思をもって実行することを求めたのである。だからこそ、孔子が理想とする人物像「君子」の条件について、次のようにいう。

子曰わく、君子は言《げん》に訥《とつ》にして、行《こう》に敏《びん》ならんと欲《ほっ》すと。〔里仁篇《りじんへん》〕
先生がいわれた「君子は、口数が少なくても、実行には敏捷《びんしょう》でありたいと思う」。

子曰わく、君子はその言《げん》のその行《こう》に過《す》ぐるを恥《は》ずと。〔憲問篇《けんもんへん》〕

先生がいわれた「君子は、自分の言葉が実行以上になることを恥とする」。

この二つの発言から、君子は、言葉で表現するより、それを行動で示すことを重んずる姿勢が見てとれる。また、その際、言葉はつたなくてもよいという考え方もうかがえる。要するに、外見をかざらず、内面を充実させるとともに、それを行動によって表現することが何より重要なのであり、もしそれが実現できれば、仁の徳を完全に備えたとまではいえないものの、その境地に限りなく近いところまで到達できると、孔子は主張したのである。

❖言葉をつつしむ

Confucius said, “Smooth words and easy smiles have little virtue.”

孔子说：“花言巧语，仪容伪善，这种人很少有仁德。”

⑧礼を老子《ろうし》に学ぶ（『聖蹟図』より）

周《しゅう》の都洛陽《らくよう》を訪れた孔子は、王室の蔵書を管理する老子と面会し、礼についての教えを受けたという。(132頁参照)

10　過失を改める

子曰《しい》わく、過《あやま》ちて改《あらた》めざる、これを過ちと謂《い》うと。〔衛霊公篇《えいれいこうへん》〕

（子曰、過而不改、是謂過矣。）

先生がいわれた「過失を犯してそれを改めない、これこそ過失というのだ」。

人間は、だれしも過失を犯すものである。たとえ細心の注意をはらっていたとしても、ときには失敗することがあり、失敗のない完璧《かんぺき》な人間などは存在しない。

孔子は、そうした人間の本質を見抜いていたものと思われる。実際、『論語』全体を通して見ても、過失そのものを犯してはならないと説いているところはない。

子曰わく、已《や》んぬるかな。吾《われ》、未《いま》だ能《よ》くその過《あやま》ちを見て内《うち》に自《みずか》ら訟《せ》むる者を見ざるなりと。〔公冶長篇《こうやちょうへん》〕

先生がいわれた「もうおしまいだ。私は、自分の過失を認めて、反省できる人を見たことがない」。

この言葉も、過失に関して語られたものである。しかし、ここで孔子が嘆いたのは、過失を犯したことではなく、過失を認めて、それを反省する人物がいないからである。つまり、過失を犯したかどうかではなく、過失を犯した後の対応のしかたが大切なのである。

また、孔子は次のようにもいう。

子曰わく……過《あやま》てば則《すなわ》ち改むるに憚《はばか》ること勿《な》かれと。〔学而篇《がくじへん》〕

先生がいわれた「……過失を犯したら、改めるのをためらってはならない」。

これは、過失を犯したとき、そのまま放置するのではなく、ただちに改善することを説いたものである。

さらには、魯《ろ》の君主である哀公《あいこう》との間で、次のような問答も行われている。

哀公《あいこう》問《と》う、弟子《ていし》、孰《たれ》か学を好むと為《な》すと。孔子対《こた》えて曰わく、顔回《がんかい》なる者あり。学を好む。怒《いか》りを遷《うつ》さず、過《あやま》ちを弐《ふたた》びせずと。〔雍也篇《ようやへん》〕

哀公がたずねた「弟子《でし》の中で、誰がもっとも学問好きですか」。孔先生が答えていわれた「顔回という者がいました。怒りを他人に移さず、同じ過失を二度とくりかえしませんでした」。

ここでは、哀公が一番の好学の弟子は誰かと質問したのに対して、孔子は、顔回がもっとも学問好きであったと答える。そして、その理由として、顔回は、過失を犯すこともあったが、それを反省して同じ過失をくりかえさなかったことを挙げるのである。

こうしてみると、孔子は、過失を犯したこと自体については容認するが、その一方で、事後の対応をいかに重大に考えていたかがわかる。つまり、犯した過失を謙虚に受けとめ、またそれを改善して同じ過失をくりかえさないよう努力することを求めたのである。同時に、そうした姿勢を学問の基礎として考えていたこともうかがえる。

❖過失を改める

Confucius said, “Fault is fault that is not corrected.”

孔子说：“犯了错误而不去改正，这才叫错误。”

⑨古典の整理（『聖蹟図』より）

魯《ろ》に帰国した孔子のもとには、入門を希望する者が次第に増加した。孔子は『詩経《しきょう》』『書経《しょきょう》』などの古典を整理し、弟子たちを教育した。

11　徳による政治

子曰《しい》わく、これを道《みちび》くに政《せい》を以《もっ》てし、これを斉《ととの》うるに刑《けい》を以てすれば、民免《たみまぬが》れて恥《はじ》無し。これを道くに徳《とく》を以てし、これを斉うるに礼《れい》を以てすれば、恥有りてかつ格《ただ》しと。〔為政《いせい》篇《へん》〕

（子曰、道之以政、斉之以刑、民免而無恥。道之以徳、斉之以礼、有恥且格。）

先生がいわれた「法律や制度によって民を指導し、刑罰をもって民を統制すると、民は刑罰をまぬがれさえすればよいとして、羞恥心《しゅうちしん》をもたなくなる。道徳によって民を指導し、礼をもって民を統制すると、民は羞恥心をもつとともに、正しくなる」。

【注】**道**＝「導」と同じ。指導する。**政**＝政治。ここでは、法律・制度などをいう。**斉**＝統制する。**刑**＝刑罰。**徳**＝道徳。**格**＝「正」と同じ。正しくなる。

孔子の政治に対する考え方が顕著にうかがえる一章である。孔子によれば、政治の根本は、法治、すなわち法律・制度・刑罰などを用いるのではなく、徳治、つまり道徳・礼などによって統治すべきであることが述べられている。民に対しては、外側から強制的に服従させるのではなく、それぞれが内面にもつ良心にうったえかけ、各々が自発的に羞恥心をもつような政治を理想とするのである。

政治に対するこうした孔子の考え方は、次の問答にも垣間見られる。

季康子《きこうし》、政《せい》を孔子に問いて曰わく、如《も》し無道《むどう》を殺して以て有道《ゆうどう》に就《つ》かば、何如《いかん》と。孔子対《こた》えて曰わく、子、政を為《な》すに、焉《いずく》んぞ殺《さつ》を用いんや。子、善を欲《ほっ》すれば、民善ならん。君子《くんし》の徳は風《かぜ》なり。小人《しょうじん》の徳は草《くさ》なり。草、これに風を上《くわ》うれば、必ず偃《ふ》す。〔顔淵篇《がんえんへん》〕

季康子が孔先生に政治についてたずねていった「もし道にはずれた者を殺して道徳のある者を育てるようにしたら、どうでしょうか」。孔先生は答えていわれた「あなたが政治を行うのに、どうして殺す必要があるでしょうか。あなたが善くしようとすれば、民も善くなります。君子の徳は風です。小人の徳は草です。草は、風が吹けば、必ずなびきます」。

ここで孔子は、季康子に対して、為政者が民を感化する力は、あたかも風が吹けば草がなびくかのように絶大であるので、そのことをみずから悟って実践するとともに、決して殺人を犯してはならないと説くのである。

このように、孔子が理想とした徳による政治は、比喩《ひゆ》を用いて、次のようにも表現される。

子曰わく、政を為すに徳を以てすれば、譬《たと》えば北辰《ほくしん》のその所に居《い》て衆星《しゅうせい》のこれに共《むか》うがごとしと。〔為政篇《いせいへん》〕

先生がいわれた「道徳によって政治を行うと、たとえば、北極星が定まった場所にいて、他の多くの星がその方向に向かい、周囲をとりかこむようなものである」。

ここにいう北極星とは、為政者のこと。いうまでもなく、北極星は、天の中心に位置して不動であり、それ以外の星は整然とその周囲をめぐる。それと同じように、為政者が徳による政治を行えば、民はそれにつきしたがうというのである。

❖徳による政治

Confucius said, "Lead people by law, and govern them with punishments; they may avoid penalties but they will not learn shame. Lead them with morals, and govern them with courtesy; they will learn shame and all will be well."

孔子说：“用法律、政令来教导百姓，用刑罚来整治百姓，百姓只求免受处罚，但缺乏廉耻之心。用道德来教导百姓，用礼仪来整治百姓，百姓不但有廉耻之心，而且能走上正道。”

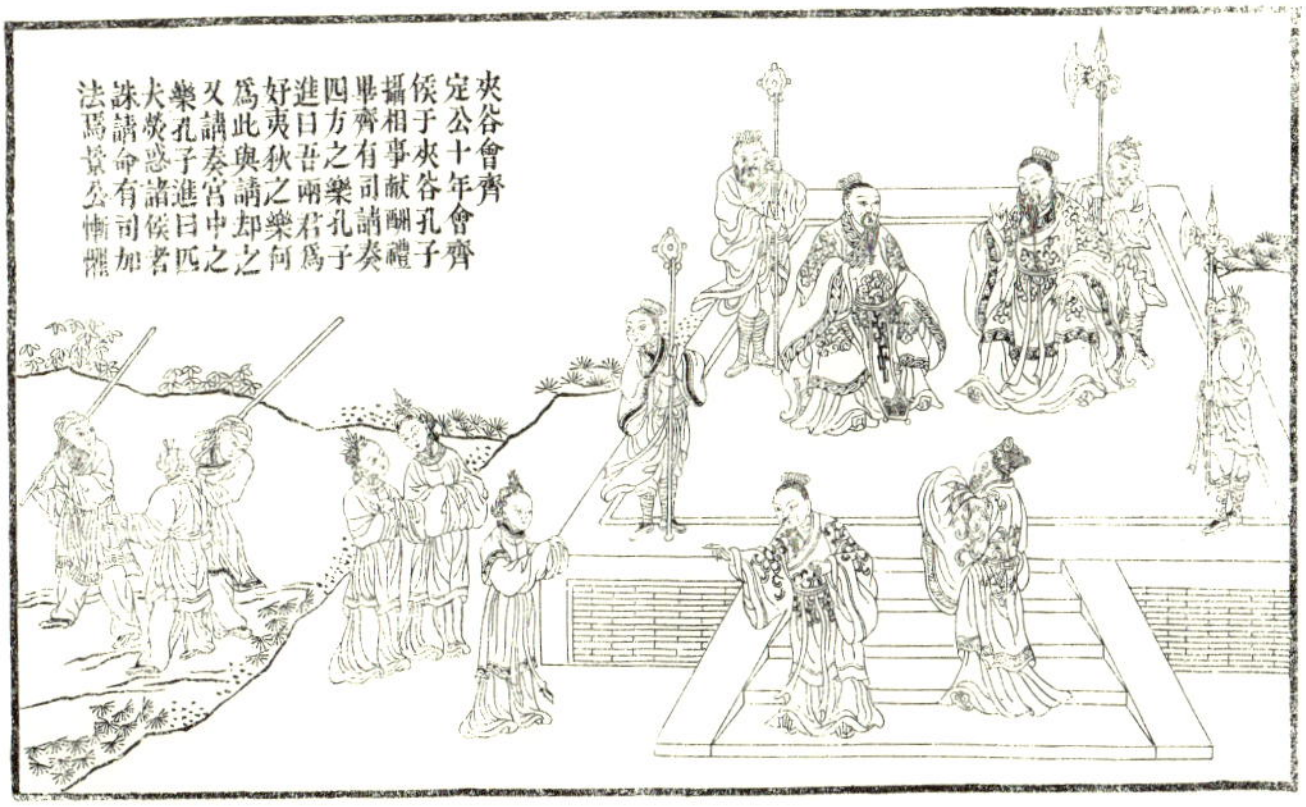

⑩ **夾谷《きょうこく》の会盟**（『聖蹟図』より）
魯《ろ》の定公《ていこう》は、夾谷の地で、斉《せい》の景公《けいこう》と会見した。そのとき、窮地に追いこまれた定公は、孔子の尽力によって脱出した。階段上に立ち、壇上を見上げているのが孔子、壇上の右側が定公、左側が景公。（10，134頁参照）

12　信義の重視

子貢《しこう》、政《せい》を問う。子曰《しい》わく、食《しょく》を足《た》し兵《へい》を足し、民《たみ》はこれを信《しん》にすと。子貢曰わく、必ず已《や》むを得《え》ずして去《さ》らば、この三者において何《なに》をか先《さき》にせんと。曰わく、兵を去らんと。子貢曰わく、必ず已むを得ずして去らば、この二者において何をか先にせんと。曰わく、食を去らん。古《いにしえ》より皆、死あり。民は信無ければ立たずと。〔顔淵篇《がんえんへん》〕

（子貢問政。子曰、足食足兵、民信之矣。子貢曰、必不得已而去、於斯三者、何先。曰、去兵。子貢曰、必不得已而去、於斯二者、何先。曰、去食。自古皆有死。民無信不立。）

子貢が政治についてたずねた。先生がいわれた「食糧を十分にし、軍備を十分にして、民には信義の心をもたせることだ」。子貢がいった「やむをえず、この三つの中から一つを棄《す》て去らねばならなくなったら、何を先に棄て去りますか」。先生がいわれた「軍備を棄て去る」。子貢がいった「さらにやむをえず、二つの中から一つを棄て去らねばならなくなったら、どちらを棄て去りますか」。先生がいわれた「食糧を棄て去る。昔から誰もが死ぬものである。民に信義の心がなければ、国は成り立たない」。

【注】**子貢**＝孔子の弟子。姓は端木《たんぼく》。名は賜《し》。子貢は字《あざな》。**食**＝食糧。**兵**＝軍備。**信之**＝民に信義の心をもたせる。**去**＝棄て去る。取り除く。**不立**＝立ちゆかない。成り立たない。

この章は、政治の方法をめぐる師弟の問答である。統治上の要諦《ようてい》をたずねる子貢に対して、孔子は、食糧の充足、軍備の充実、民からの信義の三点をあげた上で、政治の根本は、民に「信」すなわち信義の心をもたせることだと答える。

古来、為政者にとって、民の食糧をいかに確保するかは重要な課題であった。たとえば、「倉廩《そうりん》実《み》ちて則《すなわ》ち礼節《れいせつ》を知り、衣食足《いしょくた》りて則ち栄辱《えいじょく》を知る（倉庫の中の穀物が充《み》ち足りて、はじめて礼節を知り、日常の衣食が充ち足りて、はじめて名誉や恥辱を知る）」（『管子《かんし》』牧民篇《ぼくみんへん》）というように、為政者は、民の食糧を確保し、日常生活を安定させることが先決であり、その上で、はじめて民の道徳心を向上させることができると考えたのである。軍備の問題に関しても同様のことがいえる。為政者が内外の統治を安定するために、軍備の増強をめざすのは必然のことであった。

それに対して孔子は、食糧問題や軍事問題が重要な課題であることは承知の上で、それらの問題は、究極的には「信」、つまり民から信義の心を得ることには及ばないと述べるのである。

元来「信」という文字は、〈人〉と〈言〉とから構成され、人のいう言葉にいつわりがないこと、他人にうそをつかないことを意味するという。要するに、他人との関係において、最も重んじられる徳目にほかならない。だから、孔子は、「信」を重要視して、次のようにもいう。

子曰わく、人にして信無ければ、その可《か》なることを知らざるなり。大車輗《たいしゃげい》無く、小車軏《しょうしゃげつ》無ければ、それ何を以《もっ》てこれを行《や》らんやと。〔為政篇《いせいへん》〕

先生がいわれた「人として信義がなければ、何の役にも立たない。牛車に轅《ながえ》の横木がなく、馬車に轅の軛止《くびきど》めがなければ、どうやって動かせようか」。

この言葉によれば、信義のない人は、牛や馬と車を接続する道具がないのと同様に、無用ということになる。こうした人物では政治なぞ動かせないと孔子が考えたのは、至極真っ当なことである。

❖信義の重視

Zi Gong asked about politics. Confucius said, “You should have enough food and armaments, and let the people have trust.” Zi Gong asked, “If we have to give up one of these three, what should be the first?” Confucius said, “Give up armaments.” Zi Gong asked, “If we have to give up one of the remaining two, what should be the first?” Confucius said, “Give up food. For everyone has to die, but if people do not have trust, the nation will not stand.”

子贡询问治理政事。孔子说：“充足粮食，充足军备，人民信任。”子贡说：“如果迫不得已而去掉一项，在这三项中，先去掉哪一项呢？” 孔子说：“去掉军备。”子贡说：“如果迫不得已还要去掉一项，在这两项中，先去掉哪一项呢？”孔子说：“去掉粮食，自古以来，谁都不免一死。没有人民的信任就无法立国。”

13　孝のこころ

子游《しゆう》、孝《こう》を問う。子曰《しい》わく、今の孝はこれ能《よ》く養《やしな》うを謂《い》う。犬馬《けんば》に至るまで、みな能く養うこと有り。敬《けい》せずんば何を以《もっ》て別《わか》たんと。〔為政篇《いせいへん》〕

（子游問孝。子曰、今之孝者、是謂能養。至於犬馬、皆能有養。不敬何以別乎。）

子游が孝についてたずねた。先生がいわれた「最近の孝というのは、ただ物質的に親を養うことをいっている。しかし、犬や馬でさえ、みな人を養い、人のために奉仕している。子に親を尊敬する気持ちがなければ、犬や馬が人に行う奉仕と、どうして区別ができようか」。

【注】**子游**＝孔子の弟子。姓は言《げん》。名は偃《えん》。子游は字《あざな》。**能養**＝衣食住など、物質的に親を養う。**有養**＝犬が家の番をしたり、馬が車を引いたりして、人のために奉仕する。**別**＝区別する。

この章では、孝が話題にされる。当時は、自分の両親に対して、物質的な援助を行い、扶養さえすれば、それが孝行だと考える風潮があったようである。そうした中、孔子は、孝とは、本来、尊敬する気持ちが不可欠であることを子游に説いたのである。

その際、比喩《ひゆ》として持ちだされたのが、人と犬馬との関係である。すなわち、犬は家の番をしたり、馬は車を引いたりして、人を養い、人に奉仕する。したがって、子においては親を尊敬する気持ちがなければ、犬や馬が人に対して行う奉仕と区別するところがないと考えるのである。

ところが、この比喩については、別の解釈方法がある。つまり、人は、犬や馬に対しても、親と同じように、物質的な援助を行い、養っている。もし人に親を尊敬する気持ちがなければ、人が犬や馬を養う気持ちとかわりがないというのである。

いずれの場合も、結果的には同様の意味になるので、ここではその是非は論じない。ともあれ、孔子が、両親に対して、精神的な孝の実践を力説したことに間違いはない。

また、孔子は、それ以外にも孝について、両親の年齢は記憶しておくこと（里仁篇《りじんへん》）、両親の生存中は遠出しないこと（里仁篇）など、具体的な内容を示している。

しかしながら、もっとも重要なのは、両親の生存中はもちろんのこと、その死後についても、孝の実践を求めたところにある。

子曰わく、父在《いま》せばその志《こころざし》を観《み》、父没すればその行《おこない》を観る。三年、父の道を改《あらた》むること無きを、孝と謂《い》うべしと。〔学而篇《がくじへん》〕

先生がいわれた「父の生存中はその人の志を観察し、父の死後はその人の行為を観察する。死後、三年の間、父のやり方を改めないのは、孝行だといえる」。

要するに、真の孝行とは、親の生存中のみならず、その死後も、礼に則《のっと》って埋葬し、祭祀《さいし》することを含めていうのである。

❖孝のこころ

Zi You asked about filial piety. Confucius said, "Nowadays men are considered dutiful if they support their parents; yet dogs and horses also help support people. Without respect how are we to distinguish between humans and animals?"

子游询问孝道。孔子说："如今的所谓孝，仅仅指物质上的奉养而已。其实，连狗、马都能奉养人，为人效劳。如果孩子对父母没有恭敬之心，那么和狗、马为人效劳有什么区别呢？"

⑪流浪の旅へ（『聖蹟図』より）

国の祭礼が終わると、供物の肉を配布するのが慣例だったが、自分には届かず、疎外されていることを悟った孔子は魯の国を去った。（10，135頁参照）

14 礼の根本

林放《りんぽう》、礼《れい》の本《もと》を問う。子曰《しい》わく、大《だい》なるかな問うこと。礼はその奢《おご》らんよりは寧《むし》ろ倹《けん》せよ。喪《も》はその易《おさ》めんよりは寧ろ戚《いた》めと。〔八佾篇《はちいつへん》〕

（林放問礼之本。子曰、大哉問。礼与其奢也寧倹。喪与其易也寧戚。）

林放が礼の根本についてたずねた。先生がいわれた「これはきわめて大事な質問だ。礼は、贅《ぜい》沢《たく》にするよりは、むしろ質素にすることである。死者への礼は、かたちをととのえるよりは、むしろ悲しみいたむことである」。

【注】**林放**＝魯《ろ》の国の人。孔子の弟子であったかどうかは不明。**奢**＝贅沢にする。**倹**＝倹約にする。質素にする。**喪**＝葬式・祭祀《さいし》など、死者に対する礼をいう。**易**＝「治」と同じ。ととのえる。**戚**＝悲しみいたむ。

「礼」という文字は、旧字体では、「禮」と記し、祭祀の意味をあらわす〈示〉と、器に盛った供物の意味をあらわす〈豊《れい》〉とからなり、元来は、祖先を祭祀する宗教的な儀礼を意味したと考えられる。その後、礼は、国家全体の儀礼はもとより、個人的な儀礼にいたるまで、さまざまな場面で行われる儀礼一般を意味するようになった。さらに、孔子の時代には、道徳的な意味合いが加味され、人間関係を円滑にすべき社会的規範や日常生活のマナーをも指して、礼と呼ぶようになったのである。それとともに、当時の人々は、礼の枝葉末節《しようまっせつ》を追求する傾向があったものと想像される。

そうした中、礼の根本精神について、林放がたずねたので、孔子は、まず質問そのものを評価し、その上で、礼は、古来伝承されてきた形式を墨守することも大事だが、何より重要なのは、その精神であり、儀礼や音楽など、その外面的な儀容をととのえたとしても、内面的な徳が備わっていなければ、意味がないことを説いたのである。その点からいえば、孔子は、礼の形式よりは、むしろその精神を重視したといえる。

その一方で、『論語』には、次のような一話が収められている。

子貢《しこう》、告朔《こくさく》の餼羊《きよう》を去《さ》らんと欲《ほっ》す。子曰わく、賜《し》や、女《なんじ》はその羊を愛《お》しむ、我はその礼を愛しむと。〔八佾篇《はちいつへん》〕

告朔の礼が行われず、犠牲の羊だけが供えられているのを見た子貢は、その廃止を求めた。

先生はいわれた「賜よ、おまえはその羊を惜しいというが、私はその礼の方が惜しい」。

ここにいう「告朔の餼羊」とは、本来、毎月朔日《ついたち》に、犠牲の羊を供えて、先祖の廟《びょう》（みたまや）に月の朔日を報告し、その月の暦《こよみ》をうける儀礼であった。しかし、その儀礼がすたれ、犠牲の羊だけが供えられていたので、子貢が告朔の礼の廃止を申し出た。それに対して、孔子は礼が惜しいと述べ、たとえ虚礼であろうが、完全に失われるよりはましだと答えたのである。

これは、見方によれば、孔子が礼の形式だけに固執した話に受け取られるかもしれない。しかし、ひとたび儀礼の形式が滅びたならば、儀礼の復活は不可能になり、それを阻止するためには、孔子もこうした発言をせざるをえなかったと考えるべきであろう。

以上を踏まえて、いま一度、孔子と林放の問答を見ると、孔子が礼の外面上の形式よりその内面にある精神を重んじたのは、決してその形式を軽視したわけではなく、その形式が整備されたことを前提とし、その内実である精神面を重視していたことは、明らかである。

❖礼の根本

Lin Fang asked about the principles of propriety. Confucius said, “That is an important question. The proprieties should be simple not extravagant. In mourning, grief overrides etiquette.”

林放询问礼的本质。孔子说：“这个问题意义重大啊！礼，与其铺张浪费，宁可朴素俭约。丧礼，与其仪式周全，宁可哀痛悲伤。”

⑫**匡《きょう》での危難**（『聖蹟図』より）

流浪の旅に出た孔子一行は、匡の人々から、容貌の似た陽虎《ようこ》と間違われ、五日間にわたって抑留された。(99，136頁参照)

15 仁のこころ

顔淵《がんえん》、仁《じん》を問う。子曰《しい》わく、己《おのれ》を克《おさ》めて礼《れい》に復《かえ》るを仁と為《な》す。一日《いちじつ》、己を克めて礼に復れば、天下、仁に帰《き》す。仁を為すは己に由《よ》る。而《しこう》して人に由らんやと。顔淵曰わく、その目《もく》を請《こ》い問うと。子曰わく、礼に非《あら》ざれば視《み》る勿《な》かれ、礼に非ざれば聴《き》く勿かれ、礼に非ざれば言う勿かれ、礼に非ざれば動く勿かれと。顔淵曰わく、回《かい》、不敏《ふびん》なりと雖《いえど》も、請う、この語を事《こと》とせんと。〔顔淵篇《がんえんへん》〕

（顔淵問仁。子曰、克己復礼為仁。一日克己復礼、天下帰仁焉。為仁由己。而由人乎哉。顔淵曰、請問其目。子曰、非礼勿視、非礼勿聴、非礼勿言、非礼勿動。顔淵曰、回雖不敏、請事斯語矣。）

顔淵が仁についてたずねた。先生がいわれた「わが身をつつしんで礼に立ちかえるのが、仁である。もし一日でも身をつつしんで礼に立ちかえれば、天下の人々は仁に向かうようになる。

仁を行うのは自分自身である。どうして人にまかせることができようか」。顔淵がいった「どうかその要点をお聞かせください」。先生はいわれた「礼にはずれたことは見てはならない。礼にはずれたことは聞いてはならない。礼にはずれたことはいってはならない。礼にはずれたことは行ってはならない」。顔淵はいった「私は愚かですが、このお言葉を実践したいと思います」。

【注】**顔淵**＝孔子の弟子。名は回《かい》。字《あざな》は子淵《しえん》。**克己**＝自分自身の言動をつつしむこと。「克」は「約」と同じで、つつしむの意。また「克」を「勝」と解釈し、「己《おのれ》に克《か》ちて」と読む説もある。その場合、自分自身の私欲にうち克つ意味となる。**復礼**＝礼の規範に立ちかえる。「復」は「反」と同じ。**目**＝細目。要点。**回**＝顔淵の名。ここでは一人称として用いられている。**不敏**＝愚かである。自分を謙遜していう。**事**＝実践につとめはげむ。

孔子が説いた徳目の中で最も重要なのは、「仁」であるといってよい。『論語』をひもとけば、孔子が「仁」について語る場面、また孔子と弟子の会話において「仁」が話題にされる場面は枚挙にいとまがない。数ある場面の中で、ここに掲げるのは、「仁」に関する論理的な説明がなされたものとして、古来、重んじられてきた一章である。
さて、孔子が「仁」を重視したことは、次の言葉からも十分にうかがえる。

子曰わく、苟《いやし》くも仁に志《こころざ》せば、悪《あ》しきこと無きなりと。〔里仁篇《りじんへん》〕

先生がいわれた「本当に仁に志すならば、悪いことはなくなる」。

子曰わく、……君子は仁を去《さ》りて悪《いずく》にか名を成《な》さんと。〔里仁篇〕

先生がいわれた「……君子は仁を離れたら、どうして君子と呼べようか」。

しかしながら、孔子が「仁」とは何であるか、真正面から定義した言葉はまったく見当たらない。そこで、弟子が「仁」について質問し、それに孔子が返答した次の二つの問答を見ることとしよう。

樊遅《はんち》、仁を問う。子曰わく、人を愛すと。〔顔淵篇《がんえんへん》〕

樊遅が仁についてたずねた。先生がいわれた「人を愛することだ」。

仲弓《ちゅうきゅう》、仁を問う。子曰わく、門《もん》を出《い》では大賓《たいひん》に見《まみ》ゆるがごとくし、民《たみ》を使うには大祭《たいさい》を承《う》くるがごとくす。己《おのれ》の欲《ほっ》せざる所は人に施《ほどこ》すこと勿《な》かれ。邦《くに》に在《あ》りても怨《うら》み無く、家に在りても怨み無しと。〔顔淵篇〕

仲弓が仁についてたずねた。先生がいわれた「門を出て人と交際するときは国賓に面会するようにし、民を使役するときは重大な祭を行うかのようにする。自分がしてほしくないことは人にしむけてはならない。そうすれば、諸侯の国に仕えて怨まれることがなく、その家臣である卿大夫《けいたいふ》の家に仕えても怨まれることがない」。

これらの問答を見ると、孔子がいう「仁」とは、人を愛することであり、また自分の望まないことを他人にしむけないことであることがわかる。要するに、他人に対する愛情、あるいは思いやりということになる。

ところが、孔子が説いた「仁」は、単なる愛情や思いやりといった主観的な意味の中にとどまるものではない。そのことを正しく把握するには、ここの冒頭にとりあげた孔子と顔淵の問答の理解が不可欠である。

いま一度、この章を見ると、孔子は「仁」を「克己復礼《こっきふくれい》」であると答えている。そのうち「克己」とは、自分自身の言動を引きしめとりしまることであり、「復礼」とは、礼という社会的規範に立ちかえることである。要するに、「克己」という内面的かつ主観的な作用に、「復礼」という外面的かつ客観的な働きが加えられて、はじめて「仁」が達成されるというのである。ここで見過ごすことができないのは、特に「復礼」という外面的な意味、客観的な判断までもが要求されているということである。その点、先に掲げた樊遅や仲弓に対する返答とは根本的に相違する。

孔子がこうした仁に対する高度な解説を顔淵に対して行ったのは、他の弟子に比較して顔淵を高く評価していたことのあらわれだと見てもよい。一方、顔淵も、孔子の真意を理解できたからこそ、師の教えを一心に実践する誓いを立てたことは、いうまでもない（九三頁図版参照）。

❖仁のこころ

Yan Yuan asked about benevolence. Confucius said, "Benevolence is to be selfless and to observe the proprieties. If people do so for even one day, the world will move toward benevolence. You must practice benevolence yourself. How can you leave it to others?" Yan Yuan said, "I would like to ask about this point." Confucius said, "If it is not proper, do not look at it. If it is not proper, do not listen to it. If it is not proper, do not say it. If it is not proper, do not do it." Yan Yuan said, "I am not a fast learner, but I would like to practice what you say."

颜渊询问仁。孔子说：“克制自己，使举止言行都合乎礼，这就是仁。哪怕有一日能克制自己，使举止言行都合乎礼，那么天下就归依仁了。成仁在于自己，难道还要仰仗他人吗？”颜渊说：“请问实行仁德的具体条目。”孔子说：“不合乎礼的不去看，不合乎礼的不去听，不合乎礼的不去说，不合乎礼的不去做。”颜渊说：“回虽然迟钝，也要实行您的这些话。”

16　一貫の道

子曰《しい》わく、参《しん》や、吾《わ》が道《みち》は一以《いつもっ》てこれを貫《つらぬ》くと。曾子《そうし》曰わく、唯《い》と。子出《い》ず。門人《もんじん》問いて曰わく、何の謂《い》いぞやと。曾子曰わく、夫子《ふうし》の道は、忠恕《ちゅうじょ》のみと。〈里仁篇《りじんへん》〉

（子曰、参乎、吾道一以貫之哉。曾子曰、唯。子出。門人問曰、何謂也。曾子曰、夫子之道、忠恕而已矣。）

先生がいわれた「参よ、わたしの説く道は一つのことで貫かれている」。曾子がいった「はい」。先生が退出された。門人がたずねた「どういう意味ですか」。曾子がいった「先生の説かれる道は、忠恕だけだ」。

【注】**参**＝孔子の弟子。姓は曾《そう》。名は参《しん》。字《あざな》は子輿《しょ》。**一以貫之**＝一つのことで貫く。「以一貫之」と同じだが、「一」を強調するため、前に出した。**曾子**＝曾参のこと。「子」は美称。ここでは、先生の意。

唯＝「はい」という丁寧な返事。**夫子**＝先生。ここでは、孔子をさす。**忠恕**＝「忠」は、まごころ。「恕」は、まごころから出る思いやり。

ここに掲げる孔子の言葉、またそれを聞いた曾子と門人たちとの一連の会話は、「一貫」章として有名である。具体的には、孔子が曾子に向かって、自分の説く道は一つのことで貫かれていることを語ったところ、その場に居合わせた弟子たちには意味不明瞭であったので、孔子の退出後、曾子がそれは「忠恕」にほかならないと説明したものである。

これによると、孔子の思想を貫くのは「忠恕」であるということになる。「忠恕」とは、自分自身が誠意を尽くすとともに、その誠意に基づいて他人を思いやることをいう。

そうした考え方は、孔子と子貢《しこう》との問答においても、次のように見える。

子貢《しこう》問いて曰わく、一言《いちげん》にして以《もっ》て終身《しゅうしん》これを行うべき者ありやと。子曰わく、それ恕《じょ》か。己《おのれ》の欲《ほっ》せざる所は人に施《ほどこ》すこと勿《な》かれと。〔衛霊公篇《えいれいこうへん》〕

子貢がおたずねしていった「ただ一言で一生行っていけることがあるでしょうか」。先生がいわれた「まあ恕だね。自分がしてほしくないことは人にしむけないことだ」。

ここでも孔子は、一生実践すべきこととして、「恕」を挙げるとともに、それを言い換えて「己の欲せざる所は人に施すこと勿かれ」と解説する。

このように孔子は、自分が修養を重ねると同時に、他人を思いやることを「忠恕」といって重要視するわけだが、ここに掲げた章では、そうした思いやりを「仁」とは断言していない点に注意しなければならない。その理由については、後世、幾多の見方があるが、ここでは一例として、「仁」ではあまりにも包括的な語であるので、目前の実践すべき目標として「恕」という表現を用いたという説を示しておきたい。

❖一貫の道

Confucius said, "Shen, one thread runs through all my teaching." "Yes," said Zeng Zi. After Confucius had gone, a disciple asked what he had meant. Zeng Zi said, "The master's teachings are all based on sincere consideration for others."

孔子说："参啊！我的学说是由一个根本的观念贯穿着的。"曾子说："是的。"孔子出去后，别的学生问："是什么意思呢？"曾子说："夫子的学说，只是忠和恕罢了。"

⑬南子《なんし》との面会（『聖蹟図』より）
衛《えい》の霊公《れいこう》の夫人の南子《なんし》は、当時、評判がかんばしくなかった。その南子から面会を求められた孔子は、やむをえず謁見した。（101，136-137頁参照）

17　中庸の徳

子曰《しい》わく、中庸《ちゅうよう》の徳《とく》たるや、それ至《いた》れるかな。民鮮《たみすく》なきこと久《ひさ》しと。〔雍也篇《ようやへん》〕

（子曰、中庸之為徳也、其至矣乎。民鮮久矣。）

先生がいわれた「中庸の道徳というのは、いかにも最高だ。しかし、民の間では、身につけた者が少なくなって久しい」。

【注】中庸＝かたよることがなく中正であること。徳＝道徳。至＝最高である。鮮＝「少」と同じ。少ない。

ここで孔子は、「中庸」の道徳が必要であること説く。「中庸」の「中」とは、過ぎることも及ばないこともなく、またどちらにかたよることもなく、まさしく中正であること、「庸」とは、つねにかわらないことを意味する。つまり、極端にかたよることもなく、永久にかわらない道徳こそ「中庸」にほかならない。

このように孔子は「中庸」を重んじ、たとえば、そうした徳をそなえた人物を「中行《ちゅうこう》」（雍也《ようや》篇《へん》）と呼ぶこともあるが、実は『論語』全体を通して見ても、「中庸」という語は、この章以外には見当たらない。

では、孔子は「中庸」という語を使用せず、その道徳をどのように表現したか、具体例を挙げつつ考えてみよう。

子曰わく、君子は和《わ》して同《どう》ぜず、小人《しょうじん》は同じて和せずと。（子路篇《しろへん》）

先生がいわれた「君子は人と協調するが同調はしない。小人は人に同調するが協調しない」。

先にも引いた（三三ページ）この言葉は、あまりにも有名であるが、原文で示すと「子曰、君子和而不同、小人同而不和」となる。もちろん、ここで孔子は「和」と「同」という類似した行為を掲げ、その二者の違いを区別するとともに、人に同調するのではなく、人と調和することの重要性を述べるのである。その際、「和」と「同」という行為をならべ、原文のとおり、中間に「而」の字を用いながら、その両極端にかたよることを防ぐと同時に、バランスのとれた状態を追究したものと思われる。

このような表現形式は、『論語』の中には、「君子は周《しゅう》して比《ひ》せず、小人は比して周せず〈君子周而不比、小人比而不周〉」〈為政篇《いせいへん》〉、「君子は泰《たい》にして驕《おご》らず、小人は驕りて泰ならず〈君子泰而不驕、小人驕而不泰〉」〈子路篇《しろへん》〉など、いたるところに散見する。

なるほど「中庸」の語の意味する内容は平明であるため、「中庸」の道徳もごく平凡なもののように見えるかもしれない。しかし、右に示した具体的な内容を吟味すれば、その実践がいかに困難なことかがわかるだろう。されぼこそ、孔子も「中庸」の道徳を身につけたものが少ないと嘆息したのである。

❖中庸の徳

Confucius said, “The virtue of the middle way is supreme. However, the number of people who follow it decreased a long time ago.”

孔子说：“中庸作为一种道德，该是至高无上的。只是在百姓中，缺乏它已经很久了。”

⑭衛《えい》の霊公《れいこう》との面会（『聖蹟図』より）

孔子は、衛の霊公と面会した。しかし、空飛ぶ雁を見上げ、気もそぞろな態度にあきれはてた孔子は、ついに衛の国を去ることとした。(136-137頁参照)

18　真の楽しみ

子曰《しい》わく、疏食《そし》を飯《くら》い水を飲み、肱《ひじ》を曲げてこれを枕《まくら》とす。楽しみまたその中《うち》に在《あ》り。不義《ふぎ》にして富《と》みかつ貴《たっと》きは、我《われ》において浮雲《ふうん》のごとしと。〔述而篇《じゅつじへん》〕

（子曰、飯疏食飲水、曲肱而枕之。楽亦在其中矣。不義而富且貴、於我如浮雲。）

先生がいわれた「粗末な食事で水を飲み、腕を曲げて枕にする。楽しみはまたその中にあるのだ。義にはずれた行いによって得た財産や地位は、私にとっては浮雲《うきぐも》のようにはかないものだ」。

【注】**疏食**＝粗末な食事。　**貴**＝身分や地位が高い。　**浮雲**＝ここでは、はかないもののたとえ。

この孔子の言葉には、二つのことが述べられている。

第一は、不当な手段によって手に入れた富貴ははかないものなので、たとえ生活が貧しくとも、それを問題にすべきではないということである。確かに孔子は、「悪衣《あくい》悪食《あくしょく》を恥《は》ずる者は、未《いま》だ与《とも》に議《はか》るに足らざるなり（粗衣《そい》粗食《そしょく》を恥じる者とはともに語るに足りない）」（里仁篇《りじんへん》）と述べるように、しばしば貧困な生活を肯定するかのような発言を行っている。しかし、だからといって、孔子が富貴な生活を完全に否定したわけではない。たとえば、次のようにいう。

子曰わく、富《とみ》と貴《たっと》きとは、これ人の欲《ほっ》する所なり。その道を以《もっ》てこれを得《え》ざれば、これを得《う》とも処《お》らざるなりと。〔里仁篇《りじんへん》〕

先生がいわれた、「財産と名誉とは、だれもが得たいと願うものである。しかし、道理にかなった方法によらなければ、そこに安住はしない」。

つまり、財産や名誉を求めるのは人間の欲望として認めるのだが、不当な方法によって得た富貴はいむべきだと、それを否定するのが、孔子の立場である。

第二は、かりに物質的には貧しい日々であったとしても、それが道義を求める正しい生活であれば、その中には精神的な楽しみが存在するということである。ここで想起されるのが、弟子の顔淵《がんえん》の生活である。それについて、孔子は次のようにいう。

子曰わく、賢《けん》なるかな回《かい》や。一簞《いったん》の食《し》、一瓢《いっぴょう》の飲《いん》、陋巷《ろうこう》に在《あ》り。人はその憂《うれい》に堪《た》えず、回やその楽しみを改《あらた》めず。賢なるかな回やと。〔雍也篇《ようやへん》〕

先生がいわれた「立派だな、顔回は。わりご一杯の飯とひさご一杯の汁物で、せまい路地裏に住んでいる。普通の人ならその苦労にたえきれないだろうに、顔回はかわらず自分の生活を楽しんでいる。立派だな、顔回は」。

ここには、貧窮した生活を送りながらも、人として本来なすべき道義を実践し、さらには、その中に楽しみを発見した顔淵の一途《いちず》な姿がうかがえる。まさに顔淵は、真の楽しみを会得《えとく》したのであり、孔子が賞賛したゆえんでもある。

❖真の楽しみ

Confucius said, “I eat plain food and sleep with my head on my bended arm. I can find pleasure in that. But fame and fortune gained by doing wrong are like a drifting cloud to me.”

孔子说：“吃粗粮，喝冷水，弯着胳膊当枕头。其中自有一番乐趣。用不正当的手段获得了的富有和地位，对于我来说，就如同浮云一般。”

⑮司馬《しば》の桓魋《かんたい》の襲撃（『聖蹟図』より）
宋《そう》の国を訪れた孔子一行は、大樹のもと、礼楽《れいがく》の学習を行っていたところ、司馬の桓魋が孔子を殺害しようとして、大木を根こそぎ倒した。(100，136頁参照)

19 他人の評価

子曰《しい》わく、人の己《おのれ》を知らざるを患《うれ》えず、人を知らざるを患うと。〔学而篇《がくじへん》〕

（子曰、不患人之不己知、患己不知人也。）

先生がいわれた「人が自分のことを知らないのを気にしないで、自分が人のことを知らないのを気にすることである」。

【注】患＝気にする。心配する。

この章では、自分の評価と他人の評価とが問題にされる。もし自分自身が、自分の評価を考えたとき、それが他人の自分に対する評価と一致した場合は問題にならない。しかし、他人の評価が自分の評価より低い場合が往々にしてある。なぜなら人間は、自分の内実がともなっていないにもかかわらず、自分を過大に評価し、それを自己顕示するとともに、他人からも高い評価を期待する傾向があるからである。

孔子は、そうしたことをいましめるよう、他人が自分を正しく評価してくれるかどうかを気にかけるのではなく、逆に自分が他人の価値を見抜く力がないことを心配すべきだと説くのである。

よくよく考えてみれば、自分のことはさておき、他人からの評価だけを求める人は、もともと自己が確立されていないことが多いのだから、他人から認められるはずもなく、かりに認められたとしても、それが自分の空しさを充たしてくれるわけでもない。

とすれば、まずなすべきは、自分の内面を充実させるとともに、その評価を他人まかせにしないということである。その点からいえば、次に掲げる言葉も、この問題と大いに関係がある。

子曰わく、君子はこれを己《おのれ》に求む。小人《しょうじん》はこれを人に求むと。〔衛霊公篇《えいれいこうへん》〕

先生がいわれた「君子は責任を自分に求めるが、小人はそれを他人に求める」。

ここで孔子は、君子と小人とを比較しながら、何事も自分で責任をとることが重要であることを説く。こうした発言がなされた背景には、学問とは、自分を鍛錬し、自己を完成するために行うものだという考え方があるように思われる。したがって、孔子は次のようにもいう。

子曰わく、古《いにしえ》の学者は己《おのれ》の為《ため》にし、今の学者は人の為にすと。〈憲問篇《けんもんへん》〉

先生がいわれた「かつて学問した人は自分自身のためにした。このごろ学問する人は人から評価されるためにする」。

要するに、他人の評価を気にせず、責任をもって自己の鍛錬に励めば、自分が認められようとも、また認められなくとも、そのことは関係なくなるというのである。そういう境地に達することを、孔子自身、目標としたのであり、それが、『論語』冒頭の「人知らずして慍《うら》みず（他人が認めてくれなくても不満に思わない）」（学而篇《がくじへん》）という言葉に集約されているのは、いうまでもない。

❖他人の評価

Confucius said, “Do not mind that people do not know you. Mind that you do not know them.”

孔子说：“不担心别人不了解自己，就怕自己不了解别人。”

⑯陳《ちん》・蔡《さい》での災難（『聖蹟図』より）

孔子一行は、陳と蔡の国境で、両国の軍隊に七日間にわたって包囲され、食糧がつきたという。（136頁参照）

20　知者・仁者・勇者

子曰《しい》わく、知者《ちしゃ》は惑《まど》わず、仁者《じんしゃ》は憂《うれ》えず、勇者《ゆうしゃ》は懼《おそ》れずと。〔子罕篇《しかんへん》〕

（子曰、知者不惑、仁者不憂、勇者不懼。）

先生がいわれた「知恵のある者はまどわない。仁の徳を備えた者はうれえない。勇気のある者はおそれない」。

【注】**知者**＝知恵のある者。　**仁者**＝仁の徳を備えた者。　**勇者**＝勇気のある者。

この章では、知者・仁者・勇者それぞれの特性が語られている。知者は、知性に富み、物事の道理に明るいので、迷うことがない。仁者は、仁の徳を備えているので、何事も心配することがない。勇者は、道理をつらぬこうとする信念をもっているので、おそれることがないという。また、四書《ししょ》の一つである『中庸《ちゅうよう》』にも「知・仁・勇の三者は、天下の達徳《たっとく》なり」とあるように、この三者は重要視され、同時に対等に評価されている。このように、知者・仁者・勇者の三者は並列されることが多いが、『論語』全体を通して見てみると、それぞれの間には、少なからぬ差異が認められるように思われる。

まず、仁者と勇者について。孔子は「義を見て為《な》さざるは、勇無きなり」〔為政篇《いせいへん》〕というように、自分の利害にかかわりなく、勇気をもって正義を実践できる者を評価し、勇者と呼んだ。確かに、人にとって勇気をもつことは必要であるが、それだけでは完全とはいいきれない。そこで孔子は、仁者と勇者とを比較しながら、「仁者は必ず勇有り、勇者は必ずしも仁有らず」〔憲問篇《けんもんへん》〕とも述べている。つまり、最高の境地に達した者が仁者であり、それより一段低い者が勇者ということになる。

次に、仁者と知者について。孔子は、その両者を比較し、「知者は水を楽しみ、仁者は山を楽しむ。知者は動き、仁者は静かなり。知者は楽しみ、仁者は寿《いのちなが》し」〔雍也篇《ようやへん》〕と述べる。この言葉には、それぞれの嗜好《しこう》・性格・生き方が語られているが、その優劣については触れられていない。しかし、その一方で、孔子は「仁者は仁に安《やす》んじ、知者は仁を利《り》とす」〔里仁篇《りじんへん》〕という発言も残している。それによると、仁と一体となって、まったく迷いがなく、そうした境地に達したことを満足とするのが仁者であり、そうした仁の境地に達することが自身のためになることを知りつつ、それを目指して努力するのが知者であるといえる。要するに、知者より一歩高い境地にあるのが仁者というわけである。

このように考えると、知者や勇者も高い境地にあることは間違いないのであるが、何より仁者こそ最高の境地にあると、孔子が考えていたことは間違いないだろう。

なお、ここにいう三者とは、知者は子貢《しこう》を、仁者は顔淵《がんえん》を、勇者は子路《しろ》を具体的に指し示したものだという説もある。

❖知者・仁者・勇者

Confucius said, “Wise men do not stray. Virtuous men do not worry. Brave men do not fear.”

孔子说：“聪明的人不疑惑，仁德的人不忧愁，勇敢的人不畏惧。”

⑰**四科十哲**《しかじってつ》（『聖蹟図』より）

魯《ろ》に帰国した孔子は、古典の整理と弟子の教育に専念した。弟子の数は三千人に及んだというが、そのうち、特にすぐれた十人を四科十哲と呼ぶ。（104，138頁参照）

21　川上の嘆

子《し》、川の上《ほとり》に在《あ》りて曰《い》わく、逝《ゆ》く者はかくのごときか。昼夜《ちゅうや》を舎《お》かずと。〔子罕篇《しかんへん》〕

（子在川上曰、逝者如斯夫。不舎昼夜。）

先生が川のほとりでいわれた「過ぎゆくものは、この川の流れのようなものであろうか。昼も夜もとどまることがない」。

【注】**逝**＝過ぎゆく。移りゆく。**舎**＝とどまる。休む。

この言葉は、「川上《せんじょう》の嘆《たん》」として著名な一章である。しかし、孔子が川の流れを前にして述べたことは疑いないものの、それ以外は、よくわからない言葉である。とりわけ、孔子がどのような心境を語った言葉なのか、また孔子が何を告げようとした発言なのかについては、いまや想像するしかない。

そのため、この章をめぐっては、後代、さまざまな解釈がなされてきた。それに関しては、吉川幸次郎氏がきわめて明瞭な解説を行っているので、その言を借りつつ、以下、説明したい（『論語』〈中国古典選〉）。

吉川氏によれば、この言葉は、おおむね二つの解釈にまとめることができるという。まず、一つの解釈は、孔子が川のほとりで、みずから人生をふりかえりつつ、不断に流れゆく水のように、空しく老いゆくわが身を慨嘆したものとする説である。つまり、「逝」の字を「すぎゆく」と読み、悲観の言葉としてとらえるのである。たとえば、漢の包咸《ほうかん》や鄭玄《じょうげん》、梁《りょう》の皇侃《おうがん》など、主として漢代から六朝時代の学者たちによって行われた解釈である。

もう一つは、まったく反対の解釈であり、孔子が次から次へと絶え間なく流れる水を目前にして、間断なく努力しなければならないことを語ったものとする説である。これは、「逝」の字を「すすむ」と読み、人間の無限の進歩に対する希望の言葉としてとらえたものである。たとえば、程子《ていし》や朱子《しゅし》など、宋代の学者によって主張された解釈である。

その上で、吉川氏は、この二つの見方は、各々それらの説の生まれた時代精神が反映されたものであり、その一方が正しくして、もう一方が正しくないというのではなく、後に二つの説となって分裂した思想や感情が、もとの孔子の言葉に含蓄《がんちく》されていたのではないかと解説する。

まさしく傾聴に値する至言といえよう。いま右の二つの解釈を前にしたとき、われわれには、両説とも説得力があるように見え、その甲乙をつけることは、なかなかできるものではない。いな、その答を時代をさかのぼって、孔子自身がその言葉にいかなる心情をこめたかを探究することに、どれほどの意味があるのか、よくわからない。むしろ、吉川氏の解説のとおり、各々の説が生まれた時代の精神が反映されたものであるとして、それらの説を受け入れるとともに、読者自身がそれぞれ納得のいく解釈を摸索《もさく》するよりほかはないように思われるのである。

❖川上の嘆

Sitting on a riverbank, Confucius said, “The water in this river flows like this. It does not rest night or day.”

孔子在河边上说：“流逝的时光就像这大河流水一样啊！日夜不停。”

⑱武城《ぶじょう》を訪問する（『聖蹟図』より）

弟子の子游《しゆう》が統治する武城を訪れた孔子は、その政治手腕に感心し、「鶏《にわとり》を割《さ》くに焉《いずく》んぞ牛刀《ぎゅうとう》を用いん」と語った。(116頁参照)

22　朝に道を聞く

子曰《しい》わく、朝《あした》に道《みち》を聞かば、夕《ゆうべ》に死すとも可《か》なりと。〔里仁篇《りじんへん》〕

（子曰、朝聞道、夕死可矣。）

先生がいわれた「朝に正しい道を聞けたなら、その晩に死んでもよい」。

【注】**道**＝人として踏み行うべき正しい道。

この章を一読すれば、正しい道を追究した孔子の切実な気持ちが感じられよう。しかし、短文であるのに加えて、語られた状況も不明であるため、この言葉にこめられた孔子の真意は、よくわからない。

たとえば、『漢書《かんじょ》』には、次のような話が記載されている。前漢の宣帝《せんてい》の時代、帝の詔書《しょうしょ》を批判した夏侯勝《かこうしょう》は、その同調者の黄覇《こうは》とともに、牢獄《ろうごく》につながれた。獄中で、黄覇が夏侯勝に『書経《しょきょう》』の伝授を望んだが、夏侯勝は罪死の身であることを理由に辞退した。そのとき黄覇が「朝に道を聞かば、夕に死すとも可なり」と述べたところ、夏侯勝は感動してそれを伝授したという。この話によれば、「道」とは古典の『書経』を指し、その講義を受けることができたならば、死んでもかまわないという意味に理解されていたことがわかる。

しかし、これは漢代における一解釈に過ぎず、実際、この言葉をめぐっては、さまざまな注解が行われてきた。その中から、以下に代表的な説を三例掲げてみよう。

第一は、「道を聞く」について、正しい道が行われるのを聞くという意味に解釈する説である。すなわち、孔子が、自分の生きている間には、世の中に正しい道が行われるのを聞けないであろうことを絶望して述べた言葉と理解するものである。

第二は、「道」とは、物事が本来あるべき原理原則のことと理解する説である。つまり、人間は、正しい道を聞き知ったならば、生きている間はその道にしたがうことができるし、また死ぬときも平穏でいられるというわけである。

第三は、人間として正しい道を聞かなければ、人間として生きていく価値がないと考える説である。要するに、老化や病気などをいいわけにして学業に精進《しょうじん》しない者を叱咤激励《しったげきれい》した言葉と見なすのである。

以上、異なる三つの解釈を提示したが、よく見比べると、いずれも「死」を比喩的《ひゆてき》に理解する点においては、一致していることがわかる。思えば、この短文には「死」という語が含まれるので、一見、その語から悲痛かつ深刻な印象を受けるのかもしれない。しかし、『論語』における孔子の発言全体を見ると、「篤《あつ》く信じて学を好み、死を守りて道を善《よ》くす（深く信じて学問を好み、命をかけて道をまっとうする）」（泰伯篇《たいはくへん》）、「志士仁人《ししじんじん》は、生を求めて以《もっ》て仁を害すること無し。身を殺して以て仁を成《な》すこと有り（志のある人や仁の人は、命が惜しいからといって、仁をそこなうようなことはしない。命をすてても、仁を成しとげることがある）」（衛霊公篇《えいれいこうへん》）というように、生死の問題以上に、道や仁を重要視することがしばしばある。その点をも考慮すると、ここで孔子は、正しい道を聞くことに対する自身の熱情を強調するために、「死」という語を象徴的に用いたとも考えられる。

❖朝に道を聞く

Confucius said, "If I learned the truth in the morning, I could die happy that night."

孔子说："早上能闻知真理，即使当晚死去都可以。"

⑲顔淵《がんえん》との問答（『聖蹟図』より）
弟子の顔淵が仁《じん》についてたずねたのに対して、孔子は「己《おのれ》を克《おさ》めて礼《れい》に復《かえ》るを仁と為《な》す」と答えた。（60頁参照）

23 死を語らず

季路《きろ》、鬼神《きしん》に事《つか》うるを問う。子曰《しい》わく、未《いま》だ人に事うること能《あた》わず、焉《いずく》んぞ能く鬼《き》に事えんと。曰わく、敢《あ》えて死を問うと。曰わく、未だ生を知らず、焉んぞ死を知らんと。〔先進篇《せんしんへん》〕

（季路問事鬼神。子曰、未能事人、焉能事鬼。曰敢問死。曰未知生、焉知死。）

季路が鬼神に仕えることについてたずねた。先生がいわれた「まだ人に仕えることもできないのに、どうして鬼神に仕えることができようか」。季路がいった「恐れながら、死後のことについておたずねします」。先生がいわれた「まだ生の問題もわからないのに、どうして死後のことがわかるだろうか」。

【注】**季路**＝孔子の弟子、子路《しろ》のこと。一六頁「由」の注を参照。**事**＝仕える。**鬼神**＝「鬼」は死者の霊

魂。特に祖先についていう。「神」は天の神をいう。一説に、天地山川の神々。**敢問**＝恐れながらおたずねします。丁寧にたずねる言い方。

ここで、孔子は、子路に対して、「鬼神」より「人」を、「死」より「生」を重視すべきことを説いている。この言葉に基づいて、孔子自身は、「鬼神」や「死」に関心を示さなかったと見るのが一般的な理解である。また、これと同様に、「鬼神」について言及したのが、次に示す樊遅《はんち》との問答である。

樊遅《はんち》、知《ち》を問う。子曰わく、民《たみ》の義《ぎ》を務《つと》め、鬼神《きしん》を敬《けい》してこれを遠《とお》ざく、知と謂《い》うべしと。〔雍也篇《ようやへん》〕

樊遅が知についてたずねた。先生はいわれた「民を導く正しい道をはげみ、鬼神には尊敬して一定の距離をおく、これが知というものである」。

ここでも孔子は、「鬼神」に対して、近づくのではなく、一定の距離をおくことの必要性を述べている。

従来、右の二つの発言に基づいて、孔子は、「鬼神」や「死」など、いわば神秘的な存在、あるいは死後の世界に関してまったく見向きもしなかったとされ、すこぶる現実的な合理主義者で、無神論的な立場をとる人物だと考えられてきた。したがって、その教えも、宗教と呼ぶのではなく、道徳倫理という学問の範疇《はんちゅう》にあると見なされてきたのである。

しかし、その一方で、孔子が説いたのは、「鬼神」より「人」を、「死」より「生」を優先したに過ぎず、決して「鬼神」に仕えることや「死」について知ることを否定しているわけではないと反対する意見もある。確かに孔子は、天地の神々に対して祈りをささげ、祖先の霊魂への祭祀《さいし》を行ったわけだから、その意味においては、信仰心があったと見なしてもさしつかえないだろう。

いまただちに、その是非を決することは難しいが、孔子の最大の関心事は、死後の世界にあるのではなく、この目前にある現実世界をいかに生きるかという点にあったことはほぼ間違いないだろう。だからこそ、孔子は、現実世界における道徳倫理の確立を強く望み、死後について語るのをひかえたものと思われる。

❖死を語らず

Ji Lu asked about serving the dead. Confucius said, "We still do not know how to serve the living. How can we serve the dead?" Ji Lu asked about death. Confucius said, "We still do not know about life. How can we know about death?"

季路询问事奉鬼神。孔子说："活人还不能事奉，怎么能去事奉鬼神？"季路说："我大胆请问，死是怎么回事？"孔子说："生的道理都还没弄懂，怎么能够懂得死后之事？"

⑳麒麟《きりん》の捕獲（『聖蹟図』より）
魯《ろ》の哀公《あいこう》が狩猟を行ったところ、仁獣《じんじゅう》である麒麟が死んで捕獲された。それを見た孔子は、世の中が太平ではないことを悟って慨嘆した。

24 天の使命

子《し》、匡《きょう》に畏《おそ》る。曰《い》わく、文王《ぶんおう》既《すで》に没《ぼっ》するも、文《ぶん》ここに在《あ》らずや。天の将《まさ》にこの文を喪《ほろぼ》さんとするや、後死《こうし》の者、この文に与《あずか》ることを得《え》ざるなり。天の未《いま》だこの文を喪さざるや、匡人《きょうひと》、それ予《われ》を如何《いかん》せんと。〔子罕篇《しかんへん》〕

（子畏於匡。曰、文王既没、文不在茲乎。天之将喪斯文也、後死者不得与於斯文也。天之未喪斯文也、匡人其如予何。）

先生が匡の地で災難にあわれた。先生がいわれた「文王はすでに亡くなられたが、その文化はこの私に伝わっているではないか。天がこの文化を滅ぼそうとしたのなら、後世の私はこの文化にたずさわることができないはずだ。天がこの文化を滅ぼさないからには、匡の人々が、私をどうすることができようか」。

【注】畏＝災難にあう。危険な目にあう。孔子一行がかつて匡で狼藉《ろうぜき》をはたらいた魯《ろ》の陽虎《ようこ》に間違えられ、匡の人々に包囲されたことをいう。匡＝衛《えい》の国の地名。文王＝周《しゅう》の文王。周王朝を創設した姫昌《きしょう》のこと。没＝亡くなる。文＝文化。喪＝滅ぼす。後死者＝（文王より）後に死ぬ者。ここでは孔子をさす。与＝たずさわる。関与する。

孔子は、五十六歳のとき、魯《ろ》の国で政治家として事実上失脚し、以後、十四年間にわたって、仕官を求めて、弟子たちと諸国を流浪した。この章は、その旅の途中、匡の地で災難にあったときのものと考えられる。

その際の事情について、『史記《しき》』孔子世家《せいか》に次のようにいう。かつて魯の国を亡命した陽虎《ようこ》が匡の地で狼藉《ろうぜき》をはたらいた。その陽虎の御者であった顔刻《がんこく》が、今度は孔子の御者をつとめていたこと、さらに孔子の容貌も陽虎に似ていたことによって、匡の人々は、ふたたび陽虎が襲ってきたのではないかと誤って出兵し、孔子一行を包囲した（五九頁図版参照）。窮地に追いこまれた孔子は、弟子たちを前にして、周の文王が築いた文化がこの自分に継承されていることを語るとともに、「天」がこの文化を滅ぼさないからには、匡の人々も、自分を殺すことはできないと断言したのである。

いったい「天」という文字は、人が両手両足をひろげて立つ形〈大〉の頭部を強調して頭上を指し示したもので、頭上にひろがる空間の意味をあらわした。そこから、天空にあって地上の世界を統治する超越的な存在や、さらには天地万物の根本原理をも「天」と呼ぶようになった。したがって、人間が生活する地上は天下にほかならず、この天下は、「天」の意思によって支配されていると考えられた。

ここで孔子が口にした「天」も、同じような理解に基づくものである。さらにいえば、孔子は、周《しゅう》の文王が築いた文化をみずから受け継ぎ、それを後世に伝承しようとするとき、「天」はそうした正しい行動を支援してくれるはずだと考えたのである。そこには、「天」に対して絶大な信頼を寄せるとともに、「天」から与えられた使命を強く自覚した孔子の姿がうかがえる。

この災難の後も、孔子は流浪の旅を余儀なくされ、今度は宋《そう》の国で殺害されそうになった。弟子たちと大木のもとで礼楽の学習を行っていたところ、軍事をつかさどる司馬《しば》の桓魋《かんたい》が突然、大木を引き抜いて孔子に襲いかかったのである（七七頁図版参照）。そのとき、孔子は、弟子たちに次のように語った。

子曰わく、天、予《われ》に徳を生《しょう》ぜり。桓魋《かんたい》それ予を如何《いかん》せんと。〔述而篇《じゅつじへん》〕

先生がいわれた「天がわたしに徳をさずけてくれた。桓魋ごときが私をどうすることができようか」。

この孔子の発言にも、先に述べたように、正しい行動を支持してくれるのが「天」であるという固い信念がうかがえる。その一方で、次のような記述も見える。

子、南子《なんし》に見《まみ》ゆ。子路《しろ》説《よろこ》ばず。夫子《ふうし》、これに矢《ちか》いて曰わく、予《わ》が否《ひ》なる所は、天これを厭《た》たん。天これを厭たんと。〔雍也篇《ようやへん》〕

先生が南子に面会された。子路は不愉快であった。先生は誓っていわれた「自分によくない点があれば、天が見棄てるであろう、天が見棄てるであろう」。

ここにいう南子とは、衛《えい》の霊公《れいこう》の夫人で、その美貌と淫行《いんこう》によって衛の国を混乱させた女性である。そのため、世間の評判はかんばしくなく、弟子たちも、たとえ南子から招待されようとも、辞退すべきだと考えていた。それにもかかわらず、孔子は南子と面会したのである（六九頁図版参照）。ために、子路は不満であったが、孔子は、もし自分に間違いがあれば、「天」が見棄てるはずだと述べたのである。この発言には、先に見たのとは反対に、人間が誤った行為をした場合、それに対して、「天」は罰を与えるという考え方が見てとれる。

以上をあわせて考えると、孔子は、「天」について、人間の善不善の行為に応じて、恩恵をほどこしたり懲罰を下したりする、いわば勧善懲悪《かんぜんちょうあく》的な存在であると考えていたことがわかる。それと同時に、そうした「天」を何より尊崇するとともに、「天」からの使命を強く自覚していたことも理解できる。この使命感は、孔子が晩年に「五十にして天命《てんめい》を知る（五十になって天より与えられた使命をわきまえた）」〔為政篇《いせいへん》〕と述懐した（八頁参照）内容と、まさしく一致すること、いうまでもない。

❖天の使命

When Confucius was frightened by a crowd in the place called Kuang, he said, “Wen Wang is dead, but his culture lives on here. If Heaven had destroyed this culture, we could not now share in it. But Heaven preserved culture; what then can the people of Kuang do to me?”

孔子在匡地遇险。孔子说：“周文王死了以后，周代的文化不都传到我这里了吗？ 老天如果要想灭掉这些文化，那我这后世之人就不会掌握它们了，老天如果不想灭掉这些文化，那匡人又能把我怎么样呢？”

25　天の運命

顔淵《がんえん》死す。子曰《しい》わく、噫《ああ》、天、予《われ》を喪《ほろ》ぼせり、天、予を喪ぼせりと。〔先進篇《せんしんへん》〕

（顔淵死。子曰、噫、天喪予、天喪予。）

顔淵が死んだ。先生がいわれた「ああ、天が私を滅ぼした、天が私を滅ぼした」。

【注】**顔淵**＝孔子の弟子。六一頁の注を参照。**噫**＝ああ。嘆き悲しむ声。**喪**＝滅ぼす。**予**＝私。自分。

五十代後半から諸国流浪の旅に出た孔子は、結局どこの国からも採用されず、七十歳を目前に魯の国に帰郷した。以後は、古典を整理するとともに、三千人に及んだという弟子たちの教育に専念した。その多数いた弟子の中で、孔子が最も期待をかけたのは、顔淵であった。しかし、顔淵は四十歳あまりで夭逝《ようせい》した。孔子、七十一歳のことである。この章は、顔淵が没した際、孔子が発した絶望と悲哀の言葉である。そこには「天」に対する信頼の動揺がうかがえる。
ちなみに、そのことに関して、『論語』には次のようにもいう。

顔淵死す。子、これを哭《こく》して慟《どう》す。従者《じゅうしゃ》曰わく、子慟せりと。曰わく、慟すること有るか。かの人の為《ため》に慟するに非《あら》ずして、誰《た》が為《ため》にせんと。〔先進篇《せんしんへん》〕

顔淵が死んだ。先生は大声をあげて泣いて身をふるわされた。門人たちがいった「先生が慟《どう》哭《こく》された」。先生がいわれた「慟哭していたのか。この人のために慟哭しないで、いったい誰のためにしようか」。

ここにいう「哭」とは大声で泣くこと、「慟」とは身をふるわせることである。つねに冷静沈着で、節度を重んずる孔子が、門人が驚愕《きょうがく》するほど、とりみだしたのである。孔子にとって、顔淵の死は、それほどまでに衝撃的な出来事だったといえる。
さて、前章で述べたとおり、孔子は、「天」が人間の正しい言動を補佐してくれると考え、「天」に対して絶大な信頼を寄せていた。また、自身は、「天」から伝統文化を伝承すべき使命を授けられていることを悟るとともに、顔淵こそ、その使命を果たすに足る後継者だと考えていた。その顔淵が先んじて没したわけだから、孔子は「天」に対して慨嘆せざるをえなかったのである。

ここには、「天」の与えた運命に直面した孔子のありのままの姿が見てとれるが、これに関連して、『論語』には次のような話も掲載されている。

伯牛《はくぎゅう》、疾《やまい》有り。子、これを問う。牖《まど》よりその手を執《と》りて曰わく、これを亡ぼせり、命《めい》なるかな。この人にしてこの疾有り。この人にしてこの疾有りと。〔雍也篇《ようやへん》〕

伯牛が病気になった。先生が見舞われ、窓からその手を取られた。「もうおしまいだ。運命だな。これほどの人がこのような病気にかかるとは、これほどの人がこのような病気にかかるとは」。

これは、孔子が、弟子の伯牛、すなわち冉耕《ぜんこう》を見舞ったときのことである。ここには「天」という表現は用いられていないが、重病にかかった弟子の運命に対して、何の手助けもできない孔子のいたたまれぬ気持ちが記されている。おそらくは顔淵を失ったときと同じような心境であったと思われる。いずれにしても、「天」に対して敬虔《けいけん》な姿勢をとる孔子にとって、「天」の与えた運命は、どれほど過酷なものであれ、しかと受けとめざるをえなかったのである。

❖天の運命

Yan Yuan died. Confucius cried, “Alas! Heaven has destroyed me! Heaven has destroyed me!”

颜渊死了。孔子说：“唉！ 是上天要灭我呀！ 是上天要灭我呀！”

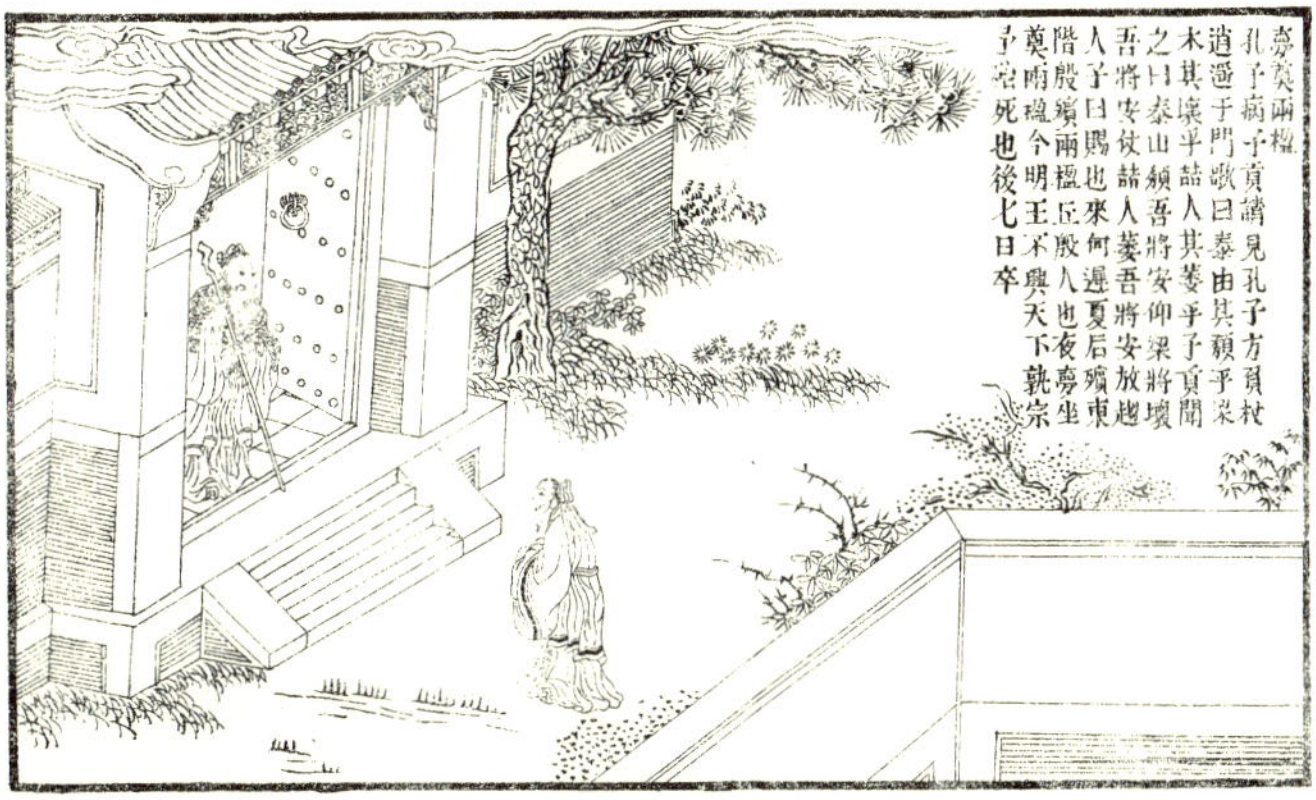

㉑孔子の死（『聖蹟図』より）

孔子は、弟子の子貢《しこう》に対して、自分の棺《ひつぎ》が堂の二本の柱の間に置かれている夢を見たと語り、その七日後、静かに死を迎えた。

26　真の正直

葉公《しょうこう》、孔子に語《つ》げて曰《い》わく、吾《わ》が党《とう》に直躬《ちょくきゅう》なる者あり。その父、羊を攘《ぬす》みて、子《こ》これを証《しょう》すと。孔子曰わく、吾が党の直《なお》き者はこれに異《こと》なり。父は子の為《ため》に隠し、子は父の為に隠す。直《なお》きことその中《うち》に在《あ》りと。〔子路篇《しろへん》〕

（葉公語孔子曰、吾党有直躬者。其父攘羊、而子証之。孔子曰、吾党之直者異於是。父為子隠、子為父隠。直在其中矣。）

葉公が孔先生に語った「私どもの村には、正直者の躬という者がいます。その父親が羊を盗んだとき、息子である躬がそのことを証言しました」。孔先生がいわれた「私どもの村の正直者は、それとは違います。父親は息子のために隠しかばい、息子は父親のために隠しかばいます。正直さは、その中にこそあります」。

【注】**葉公**＝楚《そ》の国の長官であった沈諸梁《しんしょりょう》。**党**＝村。**直躬**＝正直者の躬。「躬」は人名。**攘**＝盗む。紛《まぎ》れこんだものをかすめとること。**証**＝証言する。

ここでの話題は、真の正直についてである。葉公によると、父親が罪を犯したとき、息子はそれを立証するのが正直だということだが、孔子によると、父親の罪は、息子がかばって隠すのが正直だということになる。

考えてみると、孔子の主張は、法律上、許容されるものではないし、また現代のわれわれから見ても、窃盗《せっとう》を見のがすことには疑問をもたざるをえない。当然、この点については、古くから批判がなされてきた。たとえば、法家思想を集大成した『韓非子《かんぴし》』という書には、同じ話が次のように引用されている。

楚《そ》に直躬あり。その父、羊を窃《ぬす》みて、これを吏《り》に謁《つ》ぐ。令尹《れいいん》曰わく、これを殺せと。以《もっ》て君《きみ》に直なるも父に曲なりと為《な》し、執《とら》えてこれを罪《つみ》す。これを以てこれを観《み》れば、かの君の直臣《ちょくしん》は父の暴子《ぼうし》なり。〔五蠹篇《ごとへん》〕

楚の国に正直者の躬という者がいた。その父親が羊を盗んだとき、そのことを役人に告げた。宰相は、躬を殺せといった。君主に対しては正直だが、父親に対しては不正直だと考え、捕らえて処罰したのである。このことからみると、君主に対して正直な臣下は、父親にとっては暴虐《ぼうぎゃく》な子である。

ここでの引用が、孔子の主張を非難して行われたことは、明らかである。つまり、窃盗をはたらいた父親が処罰されるのは当然のことであり、その息子もそれを立証したことによって、父に対して不正直であるとして罰せられたというのである。また、記されてはいないが、孔子の述べるように、かりに息子が父親をかばったとすれば、今度は君主に対して不正直であるとして処罰されたであろうことは想像するに難くはない。

こうした反論があろうことは、孔子も予想したに違いない。しかし、孔子は、親子・兄弟・夫婦などの間で、身内の罪を立証したり密告したりするような社会を容認するわけにはいかなかった。したがって、父親と息子がたがいに罪を隠しあうのは、人間がもって生まれた自然の感情に基づく行動であり、たとえ法律上は許容されないとしても、それこそ本来の正直さというべきものだと、あえて孔子は主張したのである。

❖真の正直

Ye Gong said to Confucius, “In our village is an honest man, Gong. His father stole a sheep and Gong testified against him.” Confucius said, “Honest people in our village are not like that. Fathers screen their children, and children screen their fathers. Honesty lies in that.”

叶公告诉孔子说：“我们村有个叫躬的直率的男人。他的父亲偷了羊，作为儿子的他便去告发作证。”孔子说：“我们村的直率人，和你们的不同，父亲替儿子隐瞒，儿子替父亲隐瞒，直率也就在这里面。”

27　一を聞いて十を知る

子《し》、子貢《しこう》に謂《い》いて曰《い》わく、女《なんじ》と回《かい》と孰《いず》れか愈《まさ》れると。対《こた》えて曰わく、賜《し》や何《なん》ぞ敢《あ》えて回を望《のぞ》まん。回や一を聞きて以《もっ》て十を知る。賜《し》や一を聞きて以て二を知るのみと。子曰わく、如《し》かざるなり。吾《われ》と女《なんじ》と如かざるなりと。〔公冶長篇《こうやちょうへん》〕

（子謂子貢曰、女与回也孰愈。対曰、賜也何敢望回。回也聞一以知十。賜也聞一以知二。子曰、弗如也。吾与女弗如也。）

先生が子貢に向かっていわれた「おまえと顔回とは、どちらがすぐれているか」。子貢が答えていった「私などが、どうして顔回と肩を並べることができましょう。顔回は一を聞いて十を悟りますが、私は一を聞いて二がわかるだけです」。先生がいわれた「及ばない。私もおまえも、顔回には及ばない」。

【注】**子貢**＝孔子の弟子。四九頁の注を参照。**女**＝あなた。おまえ。「汝」と同じ。**回**＝孔子の弟子、顔淵のこと。回は名。**孰愈**＝どちらがすぐれているか。**賜**＝子貢の名。ここでは一人称として用いられている。**望**＝肩を並べる。**如**＝及ぶ。匹敵する。

この章は、孔子と子貢との会話からなる。まず、孔子が子貢に「おまえと顔淵とはどちらがすぐれているか」と問うたところ、子貢は「顔淵は一を聞いて十を知るが、自分は一を聞いて二を知るだけで、まったく及ばない」と答えた。それを受けて、孔子は「自分もおまえと同様に顔淵には及ばない」と述べたという。

この一連の会話からは、孔子の弟子の中で、特に言語にすぐれた子貢にとっても、顔淵は並はずれた存在であり、その才能を高く評価していたことがわかる。また、孔子の質問に対して、何のてらいもなく、顔淵の才能を認めたこと、さらに一を聞いて十を知る、あるいは一を聞いて二を知るという表現を用いて返答したところに、子貢の聡明さを感ぜざるをえない。

一方、子貢の答に対する孔子の最後の言葉も見逃すわけにはいかない。いまここでは、孔子が子貢に自覚をうながし、また顔淵を激励した言葉として解釈したが、もし言葉を額面どおりに受け取ると、孔子は自分が顔淵より劣っていると思っていたことになってしまう。しかし、そうすれば、弟子の顔淵が孔子よりすぐれたことになり不都合であるとして、たとえば、南宋《なんそう》の学者、朱子《しゅし》（一一三〇～一二〇〇）は「わたしは、おまえが顔淵に及ばないと率直にいったことを認めよう」という意味に解釈している（『論語集注《しっちゅう》』）。

この解釈をめぐっては、それ以外にも、幾多の学者から、さまざまな説が提示されているので、代表的なものを三例掲げておきたい。第一は、この会話が行われた時点では、まだ孔子が顔淵よりもまさっているが、将来的には顔淵が自分を追いこすであろうという期待をこめたという説。第二は、実際、顔淵の方が部分的には孔子よりすぐれた点もあったという説。第三は、聖人というのは、元来、謙虚であり、聖人であった孔子に学んだ顔淵も子貢も謙虚であったので、他人が自分よりすぐれていると考えるのは、ごく自然なことであったという説である。もし第三の説にしたがえば、果たして孔子が顔淵より劣っていたかいなかを考察すること自体、無意味なことになる。

❖一を聞いて十を知る

Confucius said to Zi Gong, "You or Hui, who is better?" Zi Gong answered, "I cannot imagine that I can compete with Yan Hui. He understands ten things when he hears one. When I hear one thing, I only understand two." Confucius said, "We cannot equal him. I, like you, cannot equal him."

孔子对子贡说："你和颜回，谁更强些？"子贡回答说："我怎敢和颜回相比呢？ 颜回能闻一知十，而我只能闻一知二。"孔子说："不如啊！ 我和你都不如颜回啊！"

㉒喪《も》に服《ふく》する弟子（『聖蹟図』より）

孔子の弟子たちは、師の亡骸《なきがら》を泗水《しすい》のほとりに葬るとともに、三年の喪に服した。その後、子貢《しこう》だけはさらに三年の喪に服した。

28 鶏を割くに牛刀を用う

子《し》、武城《ぶじょう》に之《ゆ》き、絃歌《げんか》の声《こえ》を聞く。夫子《ふうし》、莞爾《かんじ》として笑いて曰《い》わく、鶏《にわとり》を割《さ》くに焉《いずく》んぞ牛刀《ぎゅうとう》を用いんと。子游《しゆう》、対《こた》えて曰わく、昔者《むかし》、偃《えん》やこれを夫子に聞けり、曰わく、君《くん》子《し》、道《みち》を学べば則《すなわ》ち人を愛し、小人《しょうじん》、道を学べば則ち使い易《やす》しと。子曰わく、二三子《にさんし》、偃の言《げん》は是《ぜ》なり。前言はこれに戯《たわむ》れしのみと。〔陽貨篇《ようかへん》〕

（子之武城、聞絃歌之声。夫子莞爾而笑曰、割鶏焉用牛刀。子游対曰、昔者偃也、聞諸夫子。曰、君子学道則愛人、小人学道則易使也。子曰、二三子、偃之言是也。前言戯之耳。）

先生が武城の町に行かれたとき、琴の音に合わせて歌う声が聞こえてきた。先生はにっこり笑うといわれた「鶏を料理するのに、どうして牛切り庖丁を用いるのか」。子游が答えていった「かつて私は、先生からこのようなことをお聞きしました。君子が道を学ぶと、人を愛するようになり、小人が道を学ぶと、使いやすくなると」。先生がいわれた「諸君、偃のいうことは正しい。さきほどいったのは、冗談に過ぎない」。

【注】**之**＝行く。**武城**＝魯《ろ》の国の地方都市。**絃歌**＝琴の音と歌声。「絃」は「弦」と同じ。**夫子**＝先生。ここでは孔子をさす。**莞爾**＝にっこり笑うさま。**子游**＝孔子の弟子。当時、武城の町の長官であった。五二頁の注を参照。**偃**＝子游の名。ここでは一人称として用いられている。**二三子**＝諸君。孔子が弟子たちに呼びかける言葉。**戯**＝冗談をいう。

この章は、子游の統治する武城の町に孔子がおもむき、絃歌、すなわち琴の音と歌声を聞いたことから話が始まる。孔子は、日ごろから『詩経《しきょう》』『書経《しょきょう》』などの古典と同様に、礼と音楽を重視したが、それは政治においても礼と音楽が不可欠だと考えていたからにほかならない。武城に一歩足を踏みいれた孔子は、そこで琴の音と歌声を耳にし、すぐさま子游が礼と音楽によってその町を治めようしているのを悟ったのである（八九頁図版参照）。

さて、孔子が述べた「鶏を割くに焉んぞ牛刀を用いん」という言葉は、小さな鶏の料理をするのに、大きな牛切り包丁は必要ないという意味である。しかし、ここで孔子が何を意図したかについては、解釈が大きく分かれる。一つは、武城のような小さな町を治めるために、天下を統治するための礼や音楽を用いるのは、大げさすぎるという説。もう一つは、子游のような有能な人物が武城のような小さな町を治めるのはもったいないという説である。

いずれにせよ、孔子が子游の政治手腕に感心したことにかわりはないが、それをあまりにも真面目《まじめ》に受け取る子游を前にして、みずからの心情をそのままいいあらわすことができず、先ほどいったのは冗談にすぎない、と曖昧《あいまい》ないい方をせざるをえなかったものと思われる。また、ここではまったく弁解がなされていないので、孔子の胸中は推し量るよりしかたがないが、そこには子游その人を評価するとともに、子游にわびる気持ちも含まれていたかもしれない。

❖鶏を割くに牛刀を用う

Confucius went to the town of Wucheng and heard someone singing to a Chinese harp. He smiled and said, “Why do we use a butcher knife to kill a fowl?” Zi You answered, “You once told me this. If a governor studies the truth, he will love humankind. If a commoner learns the truth, he becomes easy to govern.” Confucius said, “Yan is right, everyone. My previous words were just in play.”

孔子来到武城,听到弹琴唱歌的声音。孔子微笑着说:“宰鸡,何必用宰牛刀呢?”子游回答说:“过去偃听夫子这么说:‘君子学了道就会爱护人,小人学了道就容易听使唤。’”孔子说:“学生们,偃的话说得对,我刚才的话不过是开玩笑罢了。”

29　出処進退

子《し》、顔淵《がんえん》に謂《い》いて曰《い》わく、これを用《もち》うれば則《すなわ》ち行《おこな》い、これを舎《す》つれば則ち蔵《かく》る。ただ我と爾《なんじ》とのみこれ有るかなと。子路《しろ》曰わく、子《し》、三軍《さんぐん》を行《や》らば、則ち誰《たれ》と与《とも》にせんと。子曰わく、暴虎馮河《ぼうこひょうが》、死して悔《く》いなき者は、吾《われ》、与《とも》にせざるなり。必ずや事《こと》に臨《のぞ》みて懼《おそ》れ、謀《はかりごと》を好《この》みて成《な》さん者なりと。〔述而篇《じゅつじへん》〕

（子謂顔淵曰、用之則行、舎之則蔵。唯我与爾有是夫。子路曰、子行三軍、則誰与。子曰、暴虎馮河、死而無悔者、吾不与也。必也臨事而懼、好謀而成者也。）

先生が顔淵に向かっていわれた「任用されたら進んで政治を行い、見棄てられたら退いて身を隠す。このような適切な出処進退は、ただ私とおまえだけができるなあ」。子路がいった「もし先生が大国の軍隊を動かすときは、誰と一緒になさいますか」。先生がいわれた「素手で虎に立ち向かったり、大河を歩いて渡ったりするような無謀なことをして、死んでも後悔しないような者とは、私は一緒に行動しない。どうしてもというなら、必ず軍事に当っては慎重で、十分に計画を立ててから成し遂げるような者と一緒に行動する」。

【注】**顔淵**＝孔子の弟子。六一頁の注を参照。**用**＝世間から認められ、任用される。**行**＝自分の理想とする政治を行う。**舎**＝世間から見棄てられ、任用されない。**蔵**＝退いて身を隠す。**爾**＝あなた。おまえ。「汝」と同じ。**子路**＝孔子の弟子。一六頁「由」の注を参照。**行三軍**＝大国の軍隊を進める。周《しゅう》の制度で「三軍」は三万七千五百人。**暴虎馮河**＝「暴虎」は素手で虎に立ち向かうこと。「馮河」は大河を歩いて渡ること。いずれも、無謀な行動をたとえていう。**事**＝軍事。**懼**＝慎重である。**好謀**＝十分に計画を立てる。

「用舎行蔵《ようしゃこうぞう》」という成語は、この章に由来する。君主に自分の能力を認められて用いられたならば、進んで出仕するが、用いられなかったならば、退いて身を隠すというように、出処進退の要領をわきまえていることを意味する。

この章には、孔子と弟子の顔淵・子路が登場する。ここで孔子は、正しい出処進退ができるのは、私とおまえだけであると、顔淵をほめたが、それを聞いた子路は、自分もほめてもらいたいと思ったに相違ない。子路は、出処進退については顔淵に劣るが、こと軍事にかけては自分の方がまさっていると自信があったので、軍隊を動かすことができるのは、私とおまえだけであるという答を期待しながら、孔子に質問をしたものと思われる。しかし、孔子は、そうした子路の心のうちをすべて見通した上で、その軽率な発言と血気にはやる行動をいましめたのである。孔子の身の処し方のみならず、二人の弟子の異なる能力と性格までもがうかがえる一章といえる。

❖出处進退

Confucius said to Yan Yuan, "Act if you are called on. Withdraw if you are dismissed. Only you and I can do this." Zi Lu said, "If you had to march with a great army, who would you choose?" Confucius said, "Not a man ready to fight tigers bare-handed, or wade across the river and die without regret. The man who I choose must be careful about military affairs and attain his goals through well-laid plans."

孔子对颜渊说："被人举用，就干起来。被人舍弃，就藏匿起来。如此得当地去留、进退，只有我和你才能这样吧！"子路说："夫子若统率大国的军队，与谁同往呢？"孔子说："空手打虎，赤脚渡河，因此死而无悔的人，我是不和他共事的，我要的是遇到军事时，必须谨慎小心，善于谋划而能成事的人，才和他共事。"

30 理想的な生き方

顔淵《がんえん》・季路《きろ》侍《じ》す。子曰《しい》わく、盍《なん》ぞ各々爾《おのおのなんじ》の志《こころざし》を言わざると。子路《しろ》曰わく、願《ねが》わくは車馬《しゃば》衣軽裘《いけいきゅう》、朋友《ほうゆう》と共《とも》にし、これを敝《やぶ》るも憾《うら》むこと無からんと。顔淵曰わく、願わくは善《ぜん》に伐《ほこ》ること無く、労《ろう》を施《ほどこ》すこと無からんと。子路曰わく、願わくは子《し》の志を聞かん。子曰わく、老者《ろうしゃ》はこれを安《やす》んぜしめ、朋友はこれを信ぜしめ、少者《しょうしゃ》はこれを懐《なつか》しめんと。〔公《こう》冶長篇《やちょうへん》〕

（顔淵・季路侍。子曰、盍各言爾志。子路曰、願車馬衣軽裘、与朋友共、敝之而無憾。顔淵曰、願無伐善、無施労。子路曰、願聞子之志。子曰、老者安之、朋友信之、少者懐之。）

顔淵と季路とが先生のそばにいた。先生がいわれた「おまえたちそれぞれの理想を述べてみないか」。子路がいった「私の車や馬や着物や毛皮の外套《がいとう》を友人と一緒に使って、それが破損しても、気にしないようにしたいものです」。顔淵がいった「善いことをしても、それを人に誇ることなく、苦労をしても、それを人に押しつけないようにしたいものです」。子路がいった「どうか先生の理想をお聞かせください」。先生がいわれた「老人には安心され、友人には信頼され、若者には慕われることだ」。

【注】**顔淵**＝孔子の弟子。六一頁の注を参照。**季路**＝孔子の弟子。一六頁「由」の注を参照。**侍**＝目上の人のそばにつかえる。**志**＝理想とする生き方。**子路**＝孔子の弟子、季路のこと。**軽裘**＝毛皮の外套。**敝**＝破損する。**伐善**＝善いことを人にひけらかす。**施労**＝苦労を人におしつける。**懐**＝親しむ。慕う。

孔子の弟子の中で重要な位置をしめるのは、顔淵と子路であろう。その両者は、『論語』に登場する回数も多く、また資質や性格の面においても、好対照な弟子である。この章は、その顔淵と子路に向かって、孔子がそれぞれの志《こころざし》について質問したところ、二人が独自の理想について答え、また最後には孔子がみずから理想的な生き方を語るという構成となっている。

まず、口をきったのは子路である。子路が望むのは、友人と車馬や衣服を共用し、もし破損しても不満をいわないことである。もともと外見にとらわれない子路であったが、この返答からは、表裏のない友人関係を築きたいと思っていたことがわかる。

次に、顔淵は、善行を自慢せず、苦労を他人におしつけないようにしたいという。まさに模範的な返答であり、そこからは謙虚で誠実な性格がうかがえる。

最後に、孔子は、老人には安心され、友人には信頼され、若者には慕われるようになりたいとしめくくる。この言葉は、一見平凡だが、しかし安定した社会が実現しないかぎり、決して成立しえない理想的な対人関係が語られたものである。

ここでの対話は、言葉のはしばしから、いかにもくつろいだ雰囲気の中で行われたことがうかがえる。そのため、それぞれの発言からは、その人となりを見ることができるのはもちろんのこと、孔子と顔淵・子路との間に理想的な師弟関係が築かれていたことまで読み取ることができる。また、孔子の口からは、何の気負いもなく淡々と人間関係の本質が語られていることも、見過ごすわけにはいかない。

❖理想的な生き方

Yan Yuan and Ji Lu were with Confucius. He said, “Why don't you tell me about your wishes?” Ji Lu said, “I wish to have a carriage, horses, clothes, and fur robes to share with my friends, and not care if they become damaged or worn out.” Yan Yuan said, “I wish not to be proud of my good conduct, nor to pass my troubles to others.” Ji Lu said, “I would like to know your wish.” Confucius said, “I wish to make older people comfortable, to have my friends trust me, and to be loved by young people.”

颜渊、季路侍立在孔子身边。孔子说：“何不各自谈谈自己的志向？”子路说：“我愿意把自己的车马、衣裘与朋友共享，即使用坏了也不怨恨。”颜渊说：“我希望不夸耀自己的长处，不把自己的痛苦推于别人。”子路说：“愿意听听夫子的志向。”孔子说：“给予老者以安抚，给予朋友以信任，给予晚辈以关怀。”

〈解説〉

孔子と『論語』

孔子の生涯

孔子の誕生

いまからさかのぼること、およそ二千五百年、孔子は、魯《ろ》の都である曲阜《きょくふ》の郊外（現在の中国山東省曲阜市）に生まれた。紀元前五五二年（魯の襄公《じょうこう》二十一年）のこととされる。一般に春秋時代と呼ばれる当時は、周《しゅう》王室の統制力が完全に失われ、魯においても旧来の社会秩序が崩壊するとともに、三桓氏《さんかんし》と称せられる孟孫氏《もうそんし》・叔孫氏《しゅくそんし》・季孫氏《きそんし》の分家が、宗家である公室以上の権力をふるう、いわば下剋上《げこくじょう》の時代であった。

孔子の姓は、いうまでもなく孔《こう》であるが、名は丘《きゅう》という。誕生したとき、頭上の形が丘《おか》のように、中央がくぼんで周囲がもりあがっていたため、丘《きゅう》と命名されたと伝えられる。また、字《あざな》を仲尼《ちゅうじ》という。仲とは次男であることを意味し、尼というのは、生前、母が尼丘山《じきゅうざん》に祈禱《きとう》したのにちなんだものと考えられる。

孔子の父は、孔紇《こつ》といったが、普通はその字《あざな》によって叔梁紇《しゅくりょうこつ》と称され、かつて戦争で活躍した武人であったという。一方、母は顔《がん》氏の三女で、顔徴在《がんちょうざい》といった。その父母が「野合《やごう》」して生まれたのが孔子にほかならない。ただ、「野合」という表現から類推すると、両親の結婚は正式なものではなかったと思われる。

ところで、孔子の生年については、従来、前五五二年とする説（『春秋公羊伝《くようでん》』『春秋穀梁伝《こくりょうでん》』の記述に基づく）と、前五五一年とする説（『史記』の記述に基づく）との二つがあった。しかし、最近の研究によると、その差異は、それぞれの書物の年次標記方法の相違によるもので、実際は、前五五二年であったと考えるのが有力である。

なお、孔子の生涯を概観するには、まず『史記』孔子世家《せいか》に依拠すべきであろう。『史記』は、前漢の司馬遷《しばせん》によって著された最古の正史である。そこには、有史以来、前漢の武帝にいたるまでの間の歴史が対象とされるが、その中で、孔子の伝記が記述されているのが孔子世家である。

無論、『史記』以外にも、孔子の事跡を記述した書籍は数多く存在する。たとえば、『論語』は、孔子に関する言行を記録した第一級の資料に相違ないが、語録という書物の性格上、それに基づいて孔子の一生を時間順に整理するには限界がある。また、他にも孔子に関する説話を集めた『孔子家語《こうしけご》』もあるが、現在伝わるのは、魏《ぎ》の王粛《おうしゅく》が偽作した書と考えられ、全面的にしたがうわけにはいかない。したがって、ここでは、『史記』孔子世家を基本資料とし、『論語』『孔子家語』なども参照しながら、孔子の生涯を通観することとしたい。

孔子の幼年・青年時代

孔子の生いたちは、不明なことがらが多い。ただ、幼少時代の暮らしが決して裕福でなかったことは確かである。そのことは、孔子が誕生してまもなく、父の叔梁紇が死去したこと、また母の顔徴在とも早く死別したことからも、十分想像できよう。

孔子は、二十歳ごろまでに幵官氏《けんかんし》の娘と結婚し、やがて長男の孔鯉《こうり》が生まれたという。そのころは、魯の委吏《いり》と呼ばれる穀物の倉庫係や、司職《ししょく》の吏《り》という牧場の飼育係などをして、かろうじて生計を立てていたようである。こうした不遇な青年時代を送った孔子は、その当時を、後年、次のように振りかえっている。

吾《われ》、少《わか》くして賤《いや》し。故《ゆえ》に鄙事《ひじ》に多能なり。〔『論語』子罕篇《しかんへん》〕

私は、若いとき身分が低かった。そのため、つまらないことに多能であった。

三十歳代には、周の都である洛陽《らくよう》（河南省洛陽市）に赴いて老子《ろうし》と会見し、礼を学んだとされる。老子とは、道家《どうか》の祖といわれる思想家で、当時、周の蔵書室の管理人をしていたと伝えられるが、果たして実在した人物かどうか確証がない。この老子との面会は、おそらく後代、道家の人士が捏《ねっ》造《ぞう》した伝説である可能性が高い。

それに対して、孔子が三十六歳のとき、斉《せい》の国を訪ねたことは、確実視されている。それは、魯の昭公《しょうこう》が三桓氏との抗争に敗れて斉に亡命したのを契機に、孔子も昭公を追って出遊したものである。斉は、その当時、経済面・文化面において繁栄した大国であり、そこで孔子がさまざまな刺戟を受けたことはいうまでもない。たとえば、はじめて古代宮廷音楽を耳にした孔子が、感動のあまり、味覚もわからなくなったという話は有名である。

子《し》、斉に在《あ》りて、韶《しょう》を聞く。三月《さんげつ》、肉の味を知らず。〔『論語』述而篇《じゅつじへん》〕

先生は斉の国で韶という古代音楽を聞かれた。三か月もの間、肉の味も解されなかった。

やがて魯へ帰国した孔子のもとには入門を希望する者が増加し、それに応じて、孔子を中心とする学団が形成されるようになった。

政治家としての活躍

前五〇九年、魯では亡命先で没した昭公にかわって定公《ていこう》が即位した。その後、孔子は、魯の家臣である陽虎《ようこ》や公山不擾《こうざんふじょう》からたびたび招聘《しょうへい》されたが、結局は仕官しなかった。そしてはじめて魯に仕えたのは、前五〇一年（定公九年）、五十二歳のことである。

最初に任命されたのは、中都《ちゅうと》（山東省汶上県《ぶんじょう》）の長官である。そこで業績をあげ、土木関係を管理する司空《しくう》という職を経て、大司寇《だいしこう》、すなわち司法大臣へと昇進した。孔子にとって、まさしく政治家としての絶頂期を迎えたわけである。

政治家としての業績として見逃すことができないのは、夾谷《きょうこく》（山東省萊蕪県《らいぶ》）で行われた会盟での活躍である。それは、前五〇〇年（定公十年）、魯と斉との間で開かれた和平会議で、孔子は定公を補佐して参加し、窮地に追いこまれた定公を救出したばかりか、没収されかけた領地を斉から返還させたというものである。この外交上のはなばなしい功績によって、孔子の名声は一気に高まった。

いったい孔子の理想は、周王朝が建国された当時の制度と文化を復興するとともに、本来あるべき社会秩序を再構築することにあった。それを実現するためには、魯の公室以上の実権をもつ三桓氏の勢力を弱める必要があると考えた孔子は、三桓氏に対して、その拠点であった三都市の城壁を撤去するよう要請した。孔子の計画は、三桓氏のうちの孟孫氏が反対して籠城《ろうじょう》したため、失敗に終わった。それは、孔子にとって魯における政治生命の終わりを意味するものであった。孔子五十六歳のことである。

諸国流浪の旅

こうして孔子は魯の国に別れを告げ、以後十四年間（前四九七〜前四八四）にわたって、衛《えい》を中心に、陳《ちん》・曹《そう》・宋《そう》・鄭《てい》・蔡《さい》・楚《そ》などの諸国を遍歴することになった。孔子が旅に出た理由は、斉の国から女性歌舞団が送られ、そのため宰相《さいしょう》の季桓氏《きかんし》が国事を怠ったことや、祭礼の後、配付されるべき祭肉が孔子のもとに届かなかったことなどがあげられるが、実際は、三桓氏の排斥に失敗したことが主な原因と考えられる。いわば事実上の失脚であったといってよい。

さて、孔子が多数の弟子をともないながら、しかもこれほどの長旅を行ったのは、魯以外の国で自身の理想とする政治を実現しようという大きな目的があったからにほかならない。そのことは、もし政治に参与できれば、短期間のうちに功績を残せるという自信に満ちあふれた次の言葉からもうかがえる。

子曰《しい》わく、苟《いやし》くも我を用いる者有らば、期月《きげつ》のみにして可ならん。三年にして成すこと有らんと。〔『論語』子路篇《しろへん》〕

先生がいわれた「もし私を採用してくれる人がいたら、一年だけでもよい。三年あれば、立派に完成してみせる」。

このように、みずから積極的に仕官を求めた孔子であったが、ことはなかなか思いどおりに運ばなかった。それればかりか、生死にかかわる災難に三度遭ったことが伝えられる。

第一の災難は、前四九六年（定公十四年）、衛から陳へ赴く途中、匡《きょう》（河南省長垣県《ちょうえんけん》）において、土地の人から襲撃を受けた事件である。孔子の容貌に似た陽虎がかつて当地で狼藉《ろうぜき》をはたらいたことがあり、それに間違えられたからだと伝えられる。孔子一行は五日間にわたって、抑留された。

第二の災難は、前四九四年（哀公元年《あいこうがんねん》）、宋において、軍事をつかさどる司馬の桓魋《かんたい》に襲撃されたことである。孔子が大樹のもと、弟子たちと礼楽の学習を行っていたところ、突然、桓魋がその樹を根こそぎ倒し、孔子と弟子たちを殺害しようとしたのである。

第三の災難は、前四八九年（哀公六年）、孔子が楚に向かう途中、陳と蔡との間において、両国の軍隊に包囲された事件である。一行は、原野の中で立ち往生して食糧がすべて尽き果て、まさに危機一髪であったという。

いずれの災難も、最悪の事態は回避できたが、こうした事態に遭遇したのは、その旅が苦難の連続であり、決して安楽なものではなかったことを物語っている。しかし、その一方で、孔子が魯の家臣たる身分を有していたことは確かであり、訪問した国によっては優遇されることも少なくなかった。たとえば、衛では、霊公《れいこう》と会見したことや、霊公の夫人である南子《なんし》と面会したことなどが、次のように伝えられている。

衛の霊公、陳《じん》を孔子に問う。孔子対《こた》えて曰わく、俎豆《そとう》の事は則《すなわ》ち嘗《かつ》てこれを聞く。軍旅《ぐんりょ》の事は未《いま》だこれを学ばざるなりと。明日《めいじつ》、遂《つい》に行《さ》る。〔『論語』衛霊公篇〕

衛の霊公が孔先生に戦争についてたずねた。孔先生は答えていわれた「祭礼の器のことなら以前から知っていますが、軍隊のことはまだ学んでいません」。翌日、ついに衛を去られた。

子、南子《なんし》に見《まみ》ゆ。子路《しろ》説《よろこ》ばず。夫子《ふうし》、これに矢《ちか》いて曰わく、予《わ》が否《ひ》なる所は、天これを厭《た》たん。天これを厭たんと。〔『論語』雍也篇《ようやへん》〕

先生が南子に面会された。子路は不愉快であった。先生は誓っていわれた「自分によくない点があれば、天が見棄てるであろう、天が見棄てるであろう」。

しかしながら、結局、孔子はどこの国の政治にも参与できず、流浪の旅に終止符をうつとともに、魯に帰国した。ときに前四八四年(哀公十一年)、孔子六十九歳のことであった。

孔子の晩年とその死

孔子は、故郷の魯から大夫《たいふ》という地位を与えられたが、以後、政治にかかわることはなかった。反対に、孔子が精力を傾むけたのは、古典の整理と弟子の教育である。古典とは、主に『詩経《しきょう》』

『書経《しょきょう》』などのことで、それらの書の編纂《へんさん》には、少なからず孔子が関与したことが想像される。一方、弟子は、総数三千人に達したというが、中でも六芸《りくげい》という基本的な教養を身につけた者が七十余人いたと伝えられる。その中で、とりわけすぐれた四部門の十人を四科十哲《しかじってつ》と呼ぶ。

徳行《とくこう》には顔淵《がんえん》、閔子騫《びんしけん》、冉伯牛《ぜんはくぎゅう》、仲弓《ちゅうきゅう》。言語《げんご》には宰我《さいが》、子貢《しこう》。政事《せいじ》には冉有《ぜんゆう》、季路《きろ》。文学《ぶんがく》には子游《しゆう》、子夏《しか》。〔『論語』先進篇《せんしんへん》〕

徳行では顔淵と閔子騫と冉伯牛と仲弓。言語では宰我と子貢。政事では冉有と季路。文学では子游と子夏。

ともあれ、あまたの弟子が孔子のもとに集い、そこでは熱心な教育指導が行われたことは紛れもない事実である。

そうした弟子たちの中で、孔子が最も期待し、学団の将来を託そうとしたのは、ほかならぬ顔淵であった。にもかかわらず、顔淵は、前四八二年（哀公十三年）、四十歳あまりで夭逝《ようせい》したという。そのとき、孔子は、身をふるわせ、大声で泣いたという。不幸はそればかりではなかった。その前々年（前四八四）には、長男である孔鯉が死没し、翌々年（前四八〇）には、これまた親愛した弟子の子路が衛で戦死したのである。こうした近親者のあいつぐ死は、晩年の孔子にとって、大きな打撃であったと思われる。そして前四七九年（哀公十六年）、孔子は、かれらの後を追うかのように、七十四年の生涯を終えたのである。

『論語』という書物

『論語』とその成立

『論語』は、いうまでもなく、孔子とその弟子の言行録であり、孔子の思想が伝えられる最も基本的な文献である。

しかし、たとえば、孟子《もうし》の言行を記した書を『孟子』といい、荀子《じゅんし》のそれを『荀子』というように、先秦時代の諸子の言行録は、その諸子の敬称をもって命名されるのが普通であるのに対して、『論語』の場合に限って、「孔子」と呼ばれることはなかった。その理由として考えられるのは、元来、『論語』は、学団の内部で使用された名称であったが、後代、儒学が尊崇されるにしたがって、内部での名称がそのまま一般に普及したのではないかということである。

ところで、『論語』という書名であるが、「論」とは編集する意味、「語」とは応答する意味である。つまり、孔子が弟子や当時の人々に応答した言葉を、弟子や孫弟子などが編集した書物が『論語』ということになる。

それによれば、『論語』は、孔子その人によって著されたのではなく、孔子の没後、相当の時間をかけて、弟子や孫弟子などの手を経て完成されたものである。したがって、その編集者や完成時期はもちろんのこと、『論語』という書名が定着した時期も、特定できない。しかしながら、遅くとも前漢の初めには、『論語』の祖型とも呼ぶべき書物が成立していたことは間違いない。

その後、前漢の中ごろには、魯の国に伝承された「魯論語」、斉の国に伝承された「斉論語」、元来は古代文字で記されてあった「古論語」の、あわせて三種類のテキストが存在したことが確認できる。この三種類の『論語』は、篇の総数や順序がそれぞれ異なったが、その内容は、それほど大きな相違はなかったと推定される。現在の『論語』は、上記の「魯論語」の系統を受けつぐもので、前漢末に張禹《ちょうう》という学者によって校訂されたものに基づく。

『論語』の構成

現在の『論語』は、次の二十篇から成る。

①学而篇《がくじへん》　②為政篇《いせいへん》　③八佾篇《はちいつへん》　④里仁篇《りじんへん》　⑤公冶長篇《こうやちょうへん》　⑥雍也篇《ようやへん》　⑦述而篇《じゅつじへん》
⑧泰伯篇《たいはくへん》　⑨子罕篇《しかんへん》　⑩郷党篇《きょうとうへん》　⑪先進篇《せんしんへん》　⑫顔淵篇《がんえんへん》　⑬子路篇《しろへん》　⑭憲問篇《けんもんへん》
⑮衛霊公篇《えいれいこうへん》　⑯季氏篇《きしへん》　⑰陽貨篇《ようかへん》　⑱微子篇《びしへん》　⑲子張篇《しちょうへん》　⑳堯曰篇《ぎょうえつへん》

ちなみに、各篇の名称は、特定の主題を表したものではなく、「子曰」を除いた各篇冒頭の二文字、もしくは三文字をとって便宜的につけられたものである。

また一般的には、前半の十編を上論、後半の十篇を下論と呼ぶ。これは、江戸時代の儒学者伊藤《いとう》仁斎《じんさい》（一六二七〜一七〇五）の説いた分類法で、全般的に上論は純粋で文章も古いが、下論は文章の長いものも見られ、孔子以後の思想も含まれると考えられている。

『論語』の注釈書

『論語』に関しては、古来、数多くの注釈書が編まれた。その中で、現在、完本として伝わる最古の注釈書は、三国時代の魏《ぎ》の何晏《かあん》（一九〇〜二四九）が作った『論語集解《ろんごしっかい》』である。その書は、漢より魏に至るまでの代表的な注釈を取捨選択するとともに、何晏自身の解釈を部分的に追加したものである。中国では唐代まで、日本では鎌倉時代末までは、主にこの注釈に依拠しながら『論語』は読まれた。本書の解釈も、基本的には『論語集解』にしたがう。

それに対して、南宋《なんそう》の朱熹《しゅき》（一一三〇〜一二〇〇）が、北宋《ほくそう》の諸家の学説を踏まえ、さらに独自の哲学的な解釈を加えて完成したのが『論語集注《ろんごしっちゅう》』である。中国でも朱子学の盛行につれて、最も読まれた注釈書といえる。また日本でも、江戸時代には、幕府公認の教科書に指定され、あまねく普及した。一般に、何晏の『論語集解』を古注というのに対して、朱熹の『論語集注』を新注と呼ぶ。

さらに、わが国で作られた注釈書として欠かせないのが、伊藤仁斎《いとうじんさい》の『論語古義《ろんごこぎ》』と荻生徂徠《おぎゅうそらい》（一六六六〜一七二八）の『論語徴《ろんごちょう》』である。この二書は、江戸時代における『論語』研究の水準の高さを誇るに足る注釈書として高く評価できる。

『論語』の参考書

『論語』を読むには、右に掲げた注釈書に当たるのが理想的である。しかし、ここでは、参考となる入門的な『論語』の訳注書および解説書を示しておきたい。

◆訳注書

吉川幸次郎『論語』上・下〈中国古典選〉朝日新聞社、一九五九・一九六三年、一九九六年新訂。

吉田賢抗『論語』〈新釈漢文大系〉明治書院、一九六〇年。

金谷治『論語』〈岩波文庫〉岩波書店、一九六三年、一九九九年改訳。

宇野哲人『論語』上・下〈中国古典新書〉明徳出版社、一九六七年。

加地伸行『論語』〈講談社学術文庫〉講談社、二〇〇四年。

◆解説書

金谷治『論語の世界』〈NHKブックス〉日本放送出版協会、一九七〇年。

吉川幸次郎『論語について』〈講談社学術文庫〉講談社、一九七六年。

加地伸行『論語』〈ビギナーズ・クラシックス中国の古典(角川ソフィア文庫)〉角川書店、二〇〇四年。

孔子関係年譜

西暦	魯公紀年	年齢	事項
前五五二	襄公二二	一	十月二十一日、魯《ろ》の曲阜《きょくふ》の郊外、昌平郷陬邑《しょうへいきょうすうゆう》に誕生する（一説では、前五五一年に誕生したという）。
前五五〇	襄公二三	三	父の叔梁紇《しゅくりょうこつ》が死去し、母の顔徴在《がんちょうざい》とともに、曲阜の闕里《けつり》に移る。
前五三四	昭公八	一九	宋《そう》の幵官氏《けんかんし》の娘と結婚する。
前五三三	昭公九	二〇	長男の孔鯉《こうり》が誕生する。魯の委吏《いり》となる。
前五三二	昭公一〇	二一	魯の司職《ししょく》の吏《り》となる。
前五二九	昭公一三	二四	母の顔徴在が死去し、防山《ぼうざん》に葬る。
前五一九	昭公二三	三四	周《しゅう》の洛陽《らくよう》に行き、老子《ろうし》に礼を問うたという。
前五一七	昭公二五	三六	三桓氏《さんかんし》に追われて斉《せい》に亡命した魯の昭公《しょうこう》にしたがい、斉に出遊する。
前五一六	昭公二六	三七	斉から魯に帰国する（一説では、前五一〇年まで斉に滞在したという）。

前五一三	昭公二九	四〇	入門する弟子が増え、学団が形成される。
前五〇五	定公五	四八	魯の実権を握った季孫氏《きそんし》の家臣陽虎《ようこ》から仕官を求められる。
前五〇二	定公八	五一	魯の公山不擾《こうざんふじょう》から招聘《しょうへい》を受ける。
前五〇一	定公九	五二	魯に仕官し、中都《ちゅうと》の宰《さい》に任命される。
前五〇〇	定公一〇	五三	魯の定公《ていこう》に随行して夾谷《きょうこく》の会盟に参加する。
前四九九	定公一一	五四	司空《しくう》から昇進し、大司寇《だいしこう》に任命される。
前四九八	定公一二	五五	三桓氏の勢力を抑えようとするが、失敗する。
前四九七	定公一三	五六	魯を去り衛《えい》へ行く。以後十四年にわたって、陳《ちん》・曹《そう》・宋《そう》・鄭《てい》・蔡《さい》・楚《そ》などの諸国を流浪する。
前四九六	定公一四	五七	衛から陳へ行く。道中、匡人《きょうひと》に襲われる。
前四九五	定公一五	五八	陳から蒲《ほ》を経て衛へ。衛の霊公《れいこう》の夫人《ふじん》の南子《なんし》に面会する。その後、曹へ行く。
前四九四	哀公元	五九	曹を経て宋へ行く。道中、宋の司馬の桓魋《かんたい》に襲われる。宋から鄭を経て陳へ行く。
前四九三	哀公二	六〇	陳から蒲を経て衛へ行く。反乱を起した胇肸《ひっきつ》に招かれる。仕官を求めて晋《しん》の趙簡子《ちょうかんし》のもとへ向かうが、一度、衛にもどり、さらに陳へ行く。
前四九一	哀公四	六二	陳から蔡へ行く。

西暦	魯公紀年	年齢	事項
前四八九	哀公六	六四	蔡から葉《しょう》へ行き、葉公《しょうこう》を訪問する。葉から蔡にもどる。楚に招聘されるが、その道中、陳・蔡の間において危難に遭う。楚から衛へ行く。
前四八四	哀公一一	六九	衛から魯に帰国し、諸国流浪の旅を終える。以後、弟子の教育と著述の整理に専念する。長男の孔鯉が死去する。
前四八二	哀公一三	七一	弟子の顔淵《がんえん》が死去する。
前四八一	哀公一四	七二	魯の哀公《あいこう》が西方に狩猟に行き、麒麟《きりん》を捕獲したのを見て慨嘆する。
前四八〇	哀公一五	七三	弟子の子路《しろ》が衛で戦死する。
前四七九	哀公一六	七四	四月十一日、死去する。曲阜の郊外、泗水《しすい》のほとりに葬られる。

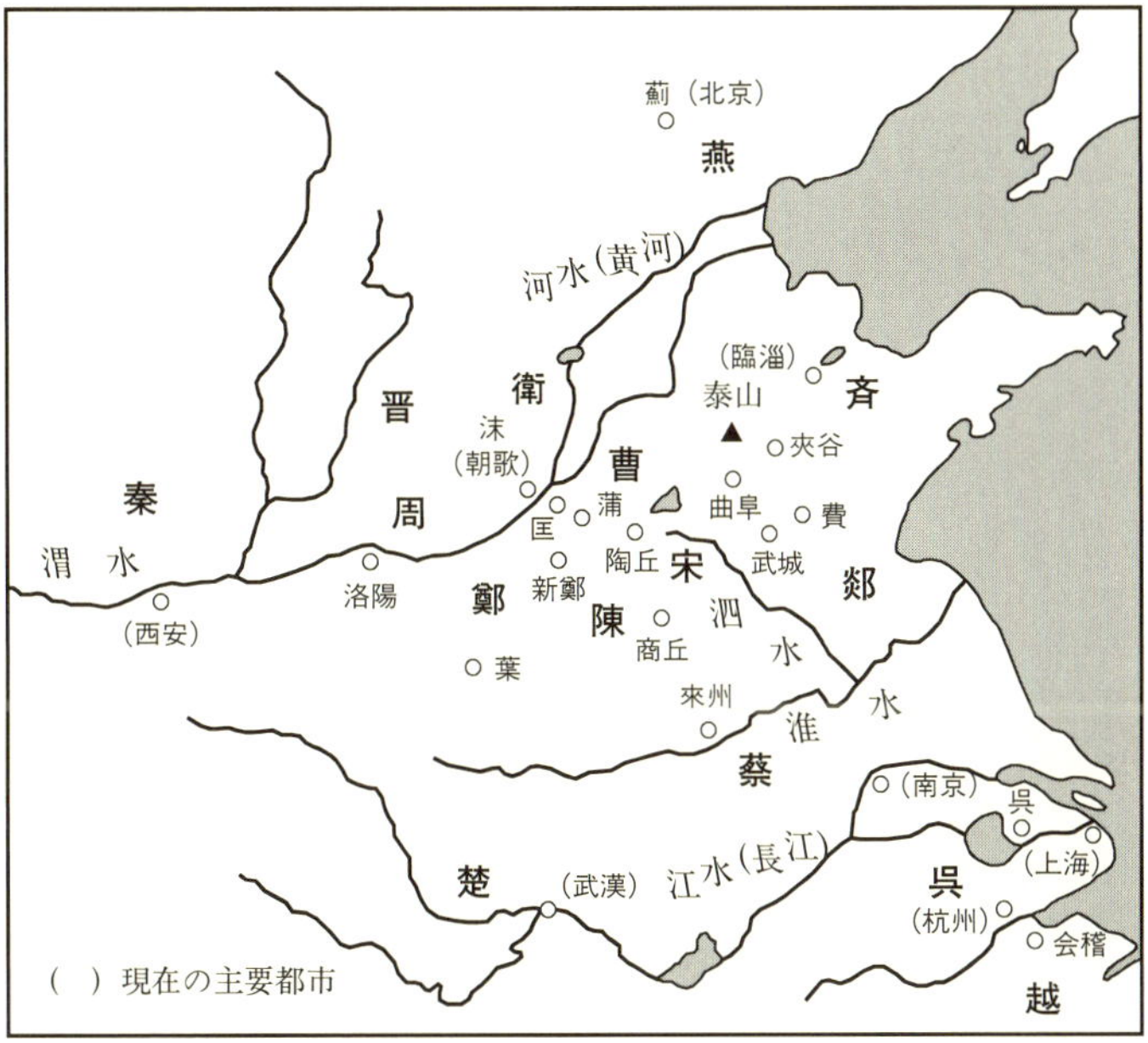
薊（北京）
燕
河水（黄河）
晋
衛
（臨淄）
泰山
斉
沫
（朝歌）
曹
夾谷
秦
周
蒲
曲阜
費
匡
陶丘
宋
武城
渭　水
洛陽
新鄭
鄭
郯
（西安）
陳
泗
商丘
水
葉
來州
淮
水
蔡
（南京）
呉
楚
（武漢）
江水（長江）
呉
（上海）
（杭州）
会稽
（　）現在の主要都市
越

孔子関係地図

章句索引

本書で引用した『論語』の主な章句を五十音順に掲げた。

【あ】

【か】

【さ】

三十にして立つ　八
三年、父の道を改《あらた》むること無きを、孝《こう》と謂《い》うべし　五四
如《し》かざるなり。吾《われ》と女《なんじ》と如かざるなり　二三
志《し》士《し》仁人《じんじん》は、生を求めて以《もっ》て仁を害すること無し　九二
四十《しじゅう》にして惑《まど》わず　八
子《し》、斉《せい》に在《あ》りて、韶《しょう》を聞く。三月《さんげつ》、肉の味を知らず　一三
子《し》、政《せい》を為《な》すに、焉《いずく》んぞ殺《さつ》を用いんや　四五
子《し》、善を欲《ほっ》すれば、民《たみ》善ならん　四五
七十《しちじゅう》にして心の欲《ほっ》する所に従《したが》いて矩《のり》を踰《こ》えず　八
質《しっ》、文《ぶん》に勝《か》てば、則《すなわ》ち野《や》なり　三
賜《し》や、女《なんじ》はその羊を愛《お》しむ、我はその礼を愛しむ　五七
賜《し》や何《なん》ぞ敢《あ》えて回《かい》を望《のぞ》まん　二二
周《しゅう》は殷《いん》の礼に因《よ》る、損益《そんえき》する所知るべきなり　三
食《しょく》を足《た》し兵《へい》を足し、民《たみ》はこれを信《しん》にす　四八
仁者《じんしゃ》は必ず勇《ゆう》有り、勇者《ゆうしゃ》は必ずしも仁有らず　八三
仁者《じんしゃ》は仁に安《やす》んじ、知者《ちしゃ》は仁を利《り》とす　八三
仁《じん》を為《な》すは己《おのれ》に由《よ》る。而《しこう》して人に由らんや　六〇
性相近《せいあいちか》し。習《ならい》相遠《とお》し　二四

政事《せいじ》には冉有《ぜんゆう》、季路《きろ》　一三八
政《せい》を為《な》すに徳《とく》を以《もっ》てすれば、譬《たと》えば北辰《ほくしん》のその所に居《い》て衆星《しゅうせい》のこれに共《むか》うがごとし　四六
造次《ぞうじ》にも必ずここにおいてし、顚沛《てんぱい》にも必ずここにおいてす　二四
束脩《そくしゅう》を行うより以上は、吾未《われいま》だ嘗《かつ》て誨《おし》うること無くんばあらず　二五
疏食《そし》を飯《くら》い水を飲み、肱《ひじ》を曲げてこれを枕《まくら》とす。楽しみまたその中《うち》に在《あ》り　七四
俎豆《そとう》のことは則《すなわ》ち嘗《かつ》てこれを聞く　一三七
その道を以《もっ》てこれを得《え》ざれば、これを得《う》とも処《お》らざるなり　七五
それ或《あ》るいは周《しゅう》を継《つ》ぐ者は、百世《ひゃくせい》と雖《いえど》もまた知るべきなり　三

【た】

大車輗《たいしゃげい》無く、小車軏《しょうしゃげつ》無ければ、それ何を以《もっ》てこれを行《や》らんや　五〇
ただ上知《じょうち》と下愚《かぐ》とは移らず　二五
ただ我と爾《なんじ》とのみこれ有るかな　一三〇
民《たみ》の義《ぎ》を務《つと》め、鬼神《きしん》を敬《けい》してこれを遠《とお》ざく、知と謂《い》うべ

し　九三
知者《ちしゃ》は動き、仁者《じんしゃ》は静かなり　八三
知者《ちしゃ》は楽しみ、仁者《じんしゃ》は寿《いのちなが》し　八三
知者《ちしゃ》は惑《まど》わず、仁者《じんしゃ》は憂《うれ》えず、勇者《ゆうしゃ》は懼《おそ》れず　八二
知者《ちしゃ》は水を楽しみ、仁者《じんしゃ》は山を楽しむ　八三
父在《いま》せばその志《こころざし》を観《み》、父没すればその行《おこない》を観る　五四
父は子《こ》の為《ため》に隠し、子は父の為に隠す。直《なお》きことその中《うち》に在《あ》り　一〇八
中庸《ちゅうよう》の徳《とく》たるや、それ至《いた》れるかな　七〇
天の未《いま》だこの文を喪《ほろぼ》さざるや、匡人《きょうひと》、それ予《われ》を如何《いかん》せん　九八
天の将《まさ》にこの文《ぶん》を喪《ほろぼ》さんとするや、後死《こうし》の者、この文に与《あずか》ることを得《え》ざるなり　九八
天、予《われ》に徳を生《しょう》ぜり。桓魋《かんたい》それ予を如何《いかん》せん　一〇〇
徳行《とくこう》には顔淵《がんえん》、閔子騫《びんしけん》、冉伯牛《ぜんはくぎゅう》、仲弓《ちゅうきゅう》　一三八
富《とみ》と貴《たっと》きとは、これ人の欲《ほっ》する所なり　七五
朋《とも》有り、遠方《えんぽう》より来たる、また楽しからずや　二

【な】

二三子《にさんし》、偃《えん》の言《げん》は是《ぜ》なり。前言はこれに戯《たわむ》れしのみ　一一六
鶏《にわとり》を割《さ》くに焉《いずく》んぞ牛刀《ぎゅうとう》を用いん　一一六
願《ねが》わくは車馬《しゃば》衣軽《いけい》裘《きゅう》、朋友《ほうゆう》と共《とも》にし、これを敝《やぶ》るも憾《うら》むこと無からん　一三四
願《ねが》わくは善《ぜん》に伐《ほこ》ること無く、労《ろう》を施《ほどこ》すこと無からん　一三四

【は】

樊遅《はんち》、仁《じん》を問う。子曰《しい》わく、人を愛すと　六三
悱《ひ》せざれば発《はっ》せず　二八
人知らずして慍《うら》みず、また君子《くんし》ならずや　二・八〇
人にして信《しん》無ければ、その可《か》なることを知らざるなり　五〇
人の己《おのれ》を知らざるを患《うれ》えず、人を知らざるを患う　七八
人はその憂《うれい》に堪《た》えず、回《かい》やその楽しみを改《あらた》めず　七六
夫子《ふうし》の道は、忠恕《ちゅうじょ》のみ　六六
不義《ふぎ》にして富《と》みかつ貴《たっと》きは、我《われ》において浮雲《ふうん》のごとし　七四
故《ふる》きを温《あたた》めて新しきを知れば、以《もっ》て師《し》と為《な》るべし　二〇
文王既《ぶんおうすで》に没《ぼっ》するも、文《ぶん》ここに在《あ》らずや　九八
文学《ぶんがく》には子游《しゆう》、子夏《しか》　一三八
文《ぶん》、質《しっ》に勝《か》てば、則《すなわ》ち史《し》なり　三

文質彬彬《ぶんしつひんぴん》として、然《しか》る後《のち》に君子《くんし》なり　二一
憤《ふん》せざれば啓《けい》せず　二八
暴虎馮河《ぼうこひょうが》、死して悔《く》いなき者は、吾《われ》、与《とも》にせざるなり　一三〇

【ま】
学ぶに如《し》かざるなり　一三
学んで思わざれば則《すなわ》ち罔《くら》し　一二
学んで時にこれを習う、また説《よろこ》ばしからずや　二
身を殺して以《もっ》て仁《じん》を成《な》すこと有り　九二
命《めい》なるかな。この人にしてこの疾《やまい》有り　一〇六
命《めい》を知らざれば、以《もっ》て君子《くんし》たること無きなり　四
喪《も》はその易《おさ》めんよりは寧《むし》ろ戚《いた》め　五六
門《もん》を出《い》でては大賓《たいひん》に見《まみ》ゆるがごとくし、民《たみ》を使うには大《たい》
祭《さい》を承《う》くるがごとくす　六三

【や】
已《や》んぬるかな。吾《われ》、未《いま》だ能《よ》くその過《あやま》ちを見て内《うち》に自《みずか》ら訟《せ》
むる者を見ざるなり　四一

由《ゆう》、女《なんじ》にこれを知るを誨《おし》えんか　一六
逝《ゆ》く者はかくのごときか。昼夜《ちゅうや》を舎《お》かず　八六

【ら】
礼《れい》に非《あら》ざれば視《み》る勿《な》かれ、礼に非ざれば聴《き》く勿かれ、礼
に非ざれば言う勿かれ、礼に非ざれば動く勿かれ　六〇
礼《れい》はその奢《おご》らんよりは寧《むし》ろ倹《けん》せよ　五六
礼《れい》を知らざれば、以《もっ》て立つこと無きなり　四
老者《ろうしゃ》はこれを安《やす》んぜしめ、朋友《ほうゆう》はこれを信ぜしめ、少《しょう》
者《しゃ》はこれを懐《なつか》しめん　一三四
六十にして耳順《みみしたが》う　八

【わ】
予《わ》が否《ひ》なる所は、天これを厭《た》たん　一〇二・一三七
吾《わ》が道《みち》は一《いっ》以《もっ》てこれを貫《つらぬ》く　六六
吾《われ》、嘗《かっ》て終日《しゅうじつ》食《く》らわず、終夜《しゅうや》寝《い》ねず、以《もっ》て思う。益《えき》な
し　三
吾《われ》、十有五《じゅうゆうご》にして学に志《こころざ》す　八
吾《われ》、少《わか》くして賤《いや》し。故《ゆえ》に鄙事《ひじ》に多能なり　一三

あとがき

私事で恐縮であるが、北海道大学に着任して十二年になる。以来、毎年、一年次学生を対象とする全学教育において、「『論語』を読む」という論文指導の講義を担当している。具体的には、『論語』の「仁」「礼」「天」など、基本的なテーマをいくつか設定し、それについて学生が発表する形式の授業である。また、論文指導というように、レポートの執筆方法の指導も課せられているので、授業時間以外に、学生が提出したレポートを添削して返却することをくりかえし、最終的にはレポート集を作成している。

そうした講義を行いながら、つねづね思うのは、以前にも増して、中国哲学や漢文学を学修したいという学生が減少したこと、またそうした分野には興味関心のない学生を相手に、『論語』という古典を厳しくかつ楽しく解説することがいかに難しいかということである。しかしながら、半年間の授業を経て、最後に行われる学生アンケートの中には、「いままでじっくり『論語』を読んだことがなかったが、しっかり読んでみると、共感できる部分がありました」「『論語』といえば、堅苦しいイメージがありましたが、この講義でその固定観念が消し飛んだ気がします」「『論語』の導入として役立ちました。これを機にもっと深く調べてみたくなりました」などというコメントも少なくない。

こうした学生のいわば声援を励みとしながら、よりよい授業の実現を摸索する日々ではあるが、また同時に、このような経験をつみかさねるうちに、授業の中で学生たちと思索したことや議論したことなどについて、いずれは、一冊の入門的な書物にまとめたいと考えるようになった。

そうした中、突然、機会がおとずれた。平成十六年夏、北海道芦別市にある精密ベアリング製造の北日本精機株式会社の小林英一代表取締役社長から、創業四十周年事業の一環として、『論語』を平易に解説した書物を執筆してほしいとの依頼を受けたのである。その後、芦別市の社屋を訪ねて小林社長と面会するうちに、社長の『論語』に対する熱い思いを聞き、ついに自分の非才をかえりみず、執筆を引き受けることにしたのである。まずは、こうした契機を与えてくださった小林社長に深謝申し上げる。

本来ならば、もう少し時間をかけて、自身の『論語』に対する考えを整理した上で執筆したかったという気持ちがないわけでもない。そのため、中には不十分な解説もあるだろうが、それらについては、読者諸賢に御諒解を願いたい。

なお、英語訳は、大学時代の同期である時崎久夫氏と、同氏の同僚であるウィリアム・グリーン（William Green）氏に、中国語訳は、胡慧君さんに、それぞれ無理をいって作成していただいた。ここに特記して御礼申し上げる。

また、何より御世話になったのは、大修館書店編集第一部の小笠原周氏である。実は、小笠原氏も大学時代の同期であるが、北日本精機株式会社より原稿執筆を引き受けたものの、どのように書物にすればよいかわからず、途方に暮れていたところ、その編集製作をすべて引き受けてくださった。その上で、同書を大修館書店の「あじあブックス」の一冊としても出版する手はずを整えてくださったのが同氏である。さらに、札幌まで足をのばし、学生時代からなじみの焼き鳥屋で、時崎氏ともども、叱咤《しった》激励《げきれい》までしていただいた。そのかわらぬ友情に心より感謝申し上げる。

平成十九年二月二十一日

春浅き札幌にて

弥　和順

[著者略歴]

弘　和順（ゆはず　かずより）

昭和34年（1959）、三重県生まれ。北海道大学文学部卒業、同大学院文学研究科修士課程修了、博士課程単位取得退学。名古屋大学文学部助手、北海道大学文学部助教授を経て、現在、北海道大学大学院文学研究科教授。専門は中国古代学術思想。著書に『漢詩・漢文解釈講座思想Ⅰ（論語・上）』（共著、昌平社、1995）など。

〈あじあブックス〉

論語《ろんご》 珠玉《しゅぎょく》の三十章《さんじっしょう》

NDC222 ／ x, 155p ／ 19cm

初版第一刷――2007年4月10日

著者――弘《ゆはず》　和順《かずより》

発行者――鈴木一行

発行所――株式会社大修館書店

〒101-8466 東京都千代田区神田錦町3-24

電話03-3295-6231（販売部）03-3294-2353（編集部）

振替 00190-7-40504

[出版情報] http://www.taishukan.co.jp

装丁者――下川雅敏

印刷所――壮光舎印刷

製本所――関山製本社

ISBN978-4-469-23301-8　Printed in Japan